OS
MENINOS
SÃO A ~~CAUSA~~ CURA
DO
MACHISMO

Nana Queiroz

OS MENINOS SÃO A ~~CAUSA~~ CURA DO MACHISMO

Como educar crianças para que vivam uma masculinidade da qual nos orgulhemos

3ª edição

EDITORA RECORD
RIO DE JANEIRO • SÃO PAULO

CIP-BRASIL. CATALOGAÇÃO NA PUBLICAÇÃO
SINDICATO NACIONAL DOS EDITORES DE LIVROS, RJ
Q45M

Queiroz, Nana
Os meninos são a cura do machismo: como educar crianças para que vivam uma masculinidade da qual nos orgulhemos / Nana Queiroz. - 3. ed. - Rio de Janeiro: Record, 2024.

ISBN 978-65-5587-307-8

1. Educação de crianças - Feminismo. 2. Educação de crianças - Machismo. 3. Educação de crianças - Diferença entre os sexos. 4. Crianças - Formação - Aspectos sociais. I. Título.

21-72997 CDD: 305.23
CDU: 316.62-053.2

Meri Gleice Rodrigues de Souza - Bibliotecária - CRB-7/6439

Projeto gráfico: Elisa von Randow

Texto revisado segundo o novo Acordo Ortográfico da Língua Portuguesa.

Direitos exclusivos desta edição reservados pela
EDITORA RECORD LTDA.
Rua Argentina, 171 – Rio de Janeiro, RJ – 20921-380 –
Tel.: (21) 2585-2000.

Impresso no Brasil

ISBN 978-65-5587-307-8

A Jorge, que me nasceu mil mundos,
dos quais brotaram este livro
e um universo de amores borboletosos.
No desejo sincero de que seja dono de todas as cores,
que saiba ser possuído e não seja posse de ninguém
e que se perca sempre no caminho do encontro.

"I don't believe in many things but in you, I do."

Sumário

É um menino

O mundo é seu. Esse belíssimo mundo de Marlboro, onde, ao vencedor, resta um câncer.

EMICIDA

UMA PARTE DE MIM ODIOU o sorriso no rosto daquele médico simpático e se ressentiu dos olhos marejados do meu marido. Mas o que marcou mesmo o anúncio de que eu estava grávida de um menino foi o luto. Eu estava profundamente decepcionada, e aquele sentimento só era agravado pela culpa de me sentir assim, a confusão de não entender de onde vinha aquilo.

Busquei alguns silêncios para gestar aquele incômodo até que ele se decifrasse. Eu estava em luto pelo meu filho, eu lamentava que ele fosse homem. Não porque as mulheres fossem de qualquer forma superiores. Mas porque o homem era a criatura mais triste que eu conhecia.

Eram masculinas as guerras, as cadeias, as brigas de bar. Era masculino aquele peso imenso nos ombros do meu pai, único sustento de uma família de oito. Aqueles olhos pesados levados pela exaustão na mesa de jantar, as cinco horas diárias de sono, os finais de semana ao computador. Eram masculinas aquelas lágrimas que papai chorava escondido comigo, sua conivente, quando a vida o massacrava. Era masculino o medo de ruir, o peso impossível de nunca ser vulnerável e a incapacidade do meu marido de dar nome aos sentimentos.

O homem era a criatura mais triste que eu conhecia.

Sim, o machismo vinha castigando muito mais a nós, mulheres, pelos séculos. Eram nossos corpos os controlados, aqueles sobre os quais se faziam leis. Eram nossos direitos à herança, ao voto, ao patrimônio e à liberdade que eram tomados. Eram nossas as vidas e a dignidade roubadas pelo estupro e a violência.

Mas sofrimento não é competição. Sofrimento é o único sofrimento para quem o sente. Não se conjuga em escala de tamanho. Nem grande, nem pequeno, nem maior, nem menor. Sofrimento não merece ser comparado, mas acolhido.

E que régua seria capaz de medir, com justiça, as interseções de acontecimentos, sentimentos e características que fazem cada dor doer de um jeito tão exclusivo em cada pessoa? Que pudesse dizer com justiça que uma dor transferida de mim a você ia doer na mesma intensidade ou no mesmo lugar?

Enquanto mãe, eu podia abdicar da mesquinhez da competição de sofrimentos que uma amiga certa vez disse ser, brincando, a "maldita loteria da desgraça". E eu podia ver como dignas quaisquer dores que meu filho sentisse. Eu podia acessar a nobreza de ter empatia pela figura do tal "opressor".

Por ser homem, meu filho não experimentaria as cores e sutilezas do sentir que eu tanto valorizava. Meu filho, por ser homem, não viveria a felicidade de assumir-se vulnerável e falho e ser amado mesmo assim. Por ser homem, talvez meu filho fosse forçado a ir à guerra e manchar sua alma com a morte. Por ser homem, meu filho usaria o sexo como máscara que encobriria o vazio de uma vida afetiva que não lhe era permitida. Talvez morresse em uma briga de bar ou ao dirigir bêbado aos 16 para se provar para algum grupo lamentável de machinhos alfa. Ou ainda se suicidasse por se recusar a buscar ajuda terapêutica, ou o levasse um câncer — já que um exame de próstata lhe roubaria uma masculinidade muito frágil. Meu filho talvez nunca fosse o profissional e o ser humano que tinha potencial para ser simplesmente porque o mundo lhe recompensaria por menos. Por ser homem.

Enquanto eu poderia partilhar com uma filha a identidade que nossa luta em nome da equidade nos daria, a meu filho restaria a carapuça do opressor. Eu poderia suportar a dor de dar à luz uma vítima, mas achava intolerável condenar alguém a uma eternidade de vilania. O mundo faria mal a qualquer ser humano que eu gestasse, eu sabia, mas nada mais triste pode ser feito a uma pessoa do que ser o personagem malquisto da trama da vida. A antiga sabedoria budista diz que ser um opressor é como viver em um inferno da alma — num reino interior desolado.

E, ainda assim, eu amava os homens.

Foi então que me dei conta de que toda a minha luta pelos direitos das mulheres se alicerçava igualmente num amor louco e teimoso pelos homens. E na fé inabalável de que a maior necessidade de qualquer ser humano é poder olhar e ser olhado como igual por aqueles a quem mais ama — seja o objeto de amor uma amante ou a própria mãe.

Percebi que, durante toda a última década em que havia me dedicado a combater o machismo focando nas mulheres, estivera sempre secando gelo. As mulheres eram, sem dúvida, o remédio mais efetivo que eu conhecia contra o machismo. Seu grito, sua coragem para quebrar silêncios e conquistar direitos. Mas nós éramos isso: antibiótico para uma infecção generalizada que resistia em retroceder. Éramos o grito desesperado de um corpo social na UTI.

Ao ser a anfitriã de um homem na terra, contudo, eu tinha a oportunidade de trabalhar na erradicação desse mal. Os meninos podem ser a cura do machismo. Uma educação feminista amorosa é a vacina contra nossa pandemia patriarcal. Porque ninguém nasce insensível, ninguém nasce agressor, ninguém nasce estuprador — isso é, na verdade, o que o machismo quer que a gente pense sobre os homens. Que existe alguma natureza perversa que os rebaixa — assim eles conseguem não ser culpados por trair, agredir, assediar, estuprar.

Eu não, eu escolhi acreditar nos meninos. Eles mudarão tudo — se a gente apenas deixar de treiná-los para oprimir.

Escrevo este livro porque não devo carregar esse peso sozinha. Nem o pai dele. Depende de todos nós, enquanto sociedade, cultivar um antiexército de homens decentes que se atrevam a mudar o mundo para melhor. É uma responsabilidade coletiva.

E Jorge, meu filho, quando for grande o bastante para lê-lo, espero que perceba que nada mais enriquecedor e mágico poderia ter acontecido comigo naquele momento do que seu cromossomo Y. Mas que eu desejo profundamente que você nunca se deixe definir por ele. Que a liberdade seja sua própria substância.

Os meninos podem ser a cura do machismo. Uma educação feminista amorosa é a vacina contra nossa pandemia patriarcal.

Os homens não são o vírus, são o hospedeiro

A masculinidade não é o patriarcado.
JJ BOLA

Você é metade vítima, metade cúmplice, como todo mundo.
JEAN-PAUL SARTRE

SINTO QUE MESMO os mais inteligentes de nós ainda não aprenderam a disputar batalhas sem eleger vilões. Crescemos num mundo maniqueísta. Vilões e mocinhos protagonizam quase todas as histórias que nos contaram à beira da cama, e foram povoando nosso inconsciente. E somos tão bons quanto as histórias que sabemos contar sobre nós mesmos.

Na luta pela igualdade de gênero, elegemos os homens como vilões. E também o são — é preciso começar admitindo. Mas não apenas isso. Faz parte da beleza humana essa mistura de contornos e nuances. Como já disse Jean-Paul Sartre, somos todos metade vítimas, metade cúmplices. (A matemática de Sartre certamente é imprecisa. Alguns de nós são muito mais vítimas que cúmplices, mas suspeito que gastar tempo fazendo esse cálculo não nos levaria muito longe — e estancaria alguns na culpa e outros na autopiedade.)

Sim, os homens oprimem as mulheres e tiram vantagem do patriarcado. Mas eles também são oprimidos pelo patriarcado. As duas coisas coexistem. É como disse um dos jovens que entrevistei enquanto escrevia este livro:

> Tive amigos muito próximos que se suicidaram na adolescência e outros que estão se "matando" lentamente. Homens também pagam um preço dessa civilidade escrota em que vivemos, um preço bem menor, mas que não deixa de compor a conta final.

Parece bobo notar isso sobre nosso próprio opressor quando criticamos tantas tramas de Hollywood por criarem personagens sem a menor dualidade interior. Mas se livrar dessas lentes depois de anos sendo treinados para ver o mundo assim é brutalmente desafiador. Comigo, essa percepção só amadureceu depois de me tornar mãe de um menino. Surpreendentemente, não foi Jorge quem instigou a mudança — sou incapaz de vê-lo opressor de qualquer um —, mas meu pai.

Sou a mais velha de sete irmãos e sempre tive uma relação rica e complexa com meu pai. De alvo do mais belo amor platônico da infância, na juventude meu pai se converteu em motivo de vergonha para mim. Era um machista que eu preferia esconder da vista alheia. Papai dizia que existiam "tarefas de mulher e tarefas de homem", além de coisas absurdas sobre como eu deveria me comportar "por ser mulher" ou qual era a "natureza da mulher". Papai votava em candidato que afirmava coisas nojentas sobre mulheres e era contra o uso de anticoncepcionais. Em suma, era um arquétipo de machista.

A certa altura, porém, eu lembrei: papai foi também o primeiro fator de empoderamento da minha vida. Ao contrário dos pais e mães de muitas amigas minhas, ele nunca achou que havia assuntos que eu não compreenderia por ser menina, pois sempre acreditou que minha inteligência não tinha limites. Quando, aos 15 anos, levei para casa o primeiro namorado, com um saxofone nas costas, querendo me fazer uma serenata, papai foi a primeira pessoa a me chamar de canto para dizer que eu namorasse ao menos uns dez caras antes de decidir "amarrar o burro" — "namore muito, minha filha, boas escolhas exigem experiência".

Quando proibiu que eu levasse qualquer namorado para dormir comigo em casa, deixou bem claro que o mesmo servia para os meus irmãos — uma escolha conservadora, mas igualitária. Foi papai quem sussurrou no meu ouvido que eu seria grande, "bem maior que ele". E quem primeiro me levou a um estádio e sorriu orgulhoso quando eu gritei, acertadamente, "seu juiz, isso é impedimento". Foi papai quem chorou escondido para se desculpar quando esqueceu meu aniversário de 8 anos. Porque, para ele, eu sempre fui tão importante quanto qualquer uma de suas crias com pênis. Para o meu pai, sempre fui uma alma fluindo junto à dele.

Meu pai é essa figura de amores e dissabores. De obscuridade e afago. E, talvez, esse fosse o caso de todos os homens que eu conhecia.

Se o machismo é uma doença social em estado de pandemia, meu pai não é o vírus: ele é o hospedeiro que foi contaminado por esse vírus. Quando queremos combater uma pandemia, nós não atacamos as pessoas doentes. Se elas são altamente contagiosas, podemos, sim, isolá-las do convívio social enquanto se recuperam. Mas imagine se matássemos todos os jovens por serem os maiores transmissores assintomáticos de Covid-19 para o resto da população?

A comparação parece até risível quando posta nesses termos, mas é justamente isso que estamos sugerindo quando dizemos que a raiz do machismo são os homens. Não. O feminismo em que eu acredito não é sobre mulheres, é sobre equidade. E ele não combate os homens, mas o machismo. É uma luta social que não combate indivíduos, mas sistemas de opressão. Por isso, ele acolhe os homens como vítimas desse mesmo sistema. E reconhece que mulheres, enquanto indivíduos inteligentes e passíveis de ação crítica, também são perpetuadoras do machismo. Dizer o contrário seria tratá-las com uma condescendência machista, eximindo-as de culpa porque são "coitadinhas demais para fazer diferente".

Acho extremamente acertada a conclusão de Bell Hooks no livro *The will to change: men, masculinity and love* [A vontade de mudar: homens, masculinidade e amor]:[1] as maiores vítimas do patriarcado não são as mulheres, são as crianças.

São meninas e meninos pequenos que sofrem violência psicológica e sexual para se encaixarem em estereótipos de gênero. Esses estereótipos, por sua vez, servem às necessidades do Estado (como a guerra) e do capitalismo (como a manutenção de uma força de trabalho que define a própria personalidade em torno do papel de "provedor" e de uma força de domésticas que procria e renova a mão de obra enquanto permite que esse trabalho seja executado). É importante intervir antes que eles passem de vítimas a vetores da doença. É importante vaciná-los com uma educação feminista amorosa para que não sejam a causa, mas a cura do machismo.

Ressalto que nada disso coloca homens agressores numa posição de justificados ou de vítimas do sistema — assim como não faz com as mulheres. De maneira alguma. Todo ser humano adulto é responsável por suas escolhas, apesar de possíveis atenuantes em seu contexto. Porém, será que nós, enquanto sociedade que construiu a Poderosa Fábrica de Machistas, não precisamos também interromper a operação de seus motores e dar a nossos pequenos mais matéria-prima para se tornarem pessoas decentes?

A metáfora que melhor descreve meu ponto de vista é a do hospedeiro consciente e o vírus. Uma pessoa doente não é culpada por contrair um vírus (ao menos, não na maioria dos casos), mas,

1 Bell Hooks. *The will to change*: men, masculinity and love. Nova York: Washington Square Press, 2004.

se não busca tratamento disponível, é responsável pela deterioração da própria saúde e pela infecção daqueles com quem entra em contato. O machismo estrutural é o vírus dessa história. Os homens, o hospedeiro. Nós, a sociedade, somos os profissionais de saúde que têm de tornar o tratamento disponível. Podemos — e devemos — nos valer de medicamentos fortes como protestos, leis e punições. Mas também devemos trabalhar a prevenção, construindo uma educação que impeça que os meninos sejam seduzidos pelo torpor dessa febre.

Esse exercício de empatia também não deve nos afastar da dor das vítimas do machismo. Essa dor é digna, deve ser nomeada e endereçada socialmente. Essas vítimas merecem justiça e viver em condições de liberdade e equidade. Eu mereço. Mas, quando debatemos a questão do ponto de vista coletivo, é preciso transpor a dor, pois ela não é boa conselheira de políticas públicas — e nos deixará presos na estaca da punição enquanto poderíamos acelerar nosso progresso apostando na esfera da prevenção. *Que o crime já feito enfrente suas consequências punitivas e restaurativas; mas que a dor seja acolhida antes que se transmute em crime.*

Sinto que muitas feministas gastam energia demais com a falácia de que não temos tempo para discutir as dores masculinas, pois as violências a que as mulheres estão submetidas são mais urgentes. Mas e se justamente esse pensamento estiver nos impedindo de identificar a raiz dessa violência e dar cabo dela de vez?

Uma das primeiras coisas que notei no meu filho, por exemplo, foi que ele adotava comportamentos agressivos quando não sabia administrar o que sentia. Começamos juntos, então, antes mesmo de ele completar um ano de vida, a dar nome aos sentimentos. "Filho, isso que você sente é medo, às vezes um abraço ajuda, mas bater nunca vai resolver." "Filho, isso que você sente é frustração, ficar sozinho um pouco pode aliviar, mas morder certamente não faz passar." Aos poucos, com essas lições simples de inteligência emocional, os episódios de agressão foram ficando mais raros — simplesmente porque ele aprendeu a lidar com as próprias emoções com mais recursos do que a raiva e a violência.

Quanto a mim, apesar de não ser uma pessoa fisicamente agressiva, sou capaz de atacar com as palavras mais ferinas do mundo. E, quando revisito os momentos em que me deixo consumir por esse lado do qual não me orgulho, observo que geralmente estão associados à falta de inteligência emocional, dor interior ou vergonha. Assim como Jorge, eu tenho dentro de mim um bebê que tateia o desconhecido através da violência.

Será que o medo, a dor e a vergonha não eram, afinal, os pais de todas as violências?

Não demorou para que eu descobrisse que minha teoria era escorada por uma porção de estudos psicológicos. O próprio Carl Jung certa vez escreveu: "A violência dos homens com relação às mulheres pode ser reflexo da violência que os homens exercem sobre eles mesmos."

Se isso for verdade, uma das curas mais efetivas para o machismo seria curar, veja só, os maiores perpetuadores do machismo.

Afinal, pessoas felizes, em pleno e livre contato com a própria individualidade, tendem a ser menos agressivas — sejam elas homens ou mulheres. É como diz o título de um estudo do *European Journal of Criminology*: "Tornar as pessoas felizes é a melhor prevenção ao crime."[2]

Um grande equívoco do qual muitos estão convencidos é que o problema começa no indivíduo, ou seja, nos homens. Não. *O problema está na estrutura*, na cultura de dominação e exploração

2 Vesna Nikolic-Ristanovic, "Making people happy is the best crime prevention: Towards happy-making criminology". Disponível em: <journals.sagepub.com/doi/abs/10.1177/1477370814536323?journalCode=euca>.

do mais fraco que é a origem de todos os males de nossa sociedade: machismo, racismo, violência contra crianças, destruição do meio ambiente, desigualdade social. Quando entendermos essa verdade simples, vamos atacar um problema e resolver todos.

Além disso, não estamos falando aqui de abstrações. Apesar de conceitos genéricos nos ajudarem em muitas reflexões sociais, convido vocês a um mergulho mais íntimo neste livro. Estamos falando de nossos pais, filhos, irmãos, amantes, líderes, ídolos. Estamos falando de pessoas amadas que, por um capricho da natureza, acontecem de ser os machos da espécie. E, muitas vezes, não aguentam mais a roupa velha do opressor — porque, convenhamos, por mais benefícios que ela possa trazer, é uma roupa pesada de se carregar e feiíssima de se ver no espelho.

Por que feminismo para homens virou palavrão

> *"Eis o padrão doloroso que emergiu da minha pesquisa com os homens: nós pedimos a eles que sejam transparentes, suplicamos que nos deixem entrar e imploramos que nos digam quando estão com medo, mas a verdade é que a maioria das mulheres não segura essa barra."*
> BRENÉ BROWN

A REAÇÃO APAIXONADA que muitas feministas têm contra a inclusão de homens na discussão sempre me instigou. A começar, é um pensamento de bastante escassez que parece inspirado em um modelo capitalista de competição — "os espaços de luta são limitados" — e não em um pensamento de abundância típico de um socialismo democrático que muitas dessas mesmas mulheres dizem defender — "há espaço para todos, contanto que se criem e se compartilhem esses espaços".

O que falhamos em perceber enquanto movimento social é que esses dois modelos "competição versus cooperação" não orientam apenas a economia, mas todos os aspectos da vida. A visão de que a criação, por exemplo, de rodas de conversa de homens ou rodas de conversa mistas ameaçaria a existência de espaços seguros puramente femininos esbarra numa lógica tão falha que não chega à página 2: basta criar reuniões separadas. A verdade é que o feminismo só tem a ganhar com a abundância de espaços para discussão da equidade e da diversidade, nunca a perder.

Também gosto muito de uma provocação sugerida por Bell Hooks em suas reflexões sobre as masculinidades: a de que não gostamos dessa discussão porque implica reconhecer duas coisas extremamente dolorosas:

1. Que nós, mulheres, também partilhamos da culpa pela perpetuação do patriarcado, pois somos vetores de propagação do machismo e outros tipos de opressão, principalmente sobre crianças e homens menos privilegiados que nós;
2. Que nós, mulheres, falhamos na missão central que a sociedade patriarcal nos deu: fazer com que nossos homens se sintam amados.

Acho bastante ilustrativo que muitas das feministas mais vocais contra a discussão das masculinidades sejam também aquelas em posição de maior privilégio. Talvez, no fundo, exista uma dificuldade de admitir que, numa sociedade capitalista extremamente desigual, elas assumem, mais vezes do que gostariam, o papel de opressor perante homens negros e/ou pobres, contratando-os como mão de obra malpaga que nem sequer merece ser olhada nos olhos. Bell Hooks é dura na crítica a esse grupo, chamando-as de "mulheres travestidas de homens":

> Essas eram as mulheres para quem a liberação feminista tinha muito mais a ver com conseguir sua fatia do bolo do poder e muito menos com liberar as massas de mulheres ou homens menos poderosos da opressão machista. Elas não estavam bravas com seus papais poderosos e maridos ricos que exploravam e oprimiam homens pobres; estavam bravas porque não tinham o mesmo acesso a esse poder.

Ademais, boa parte da castração emocional e da violência imposta a garotos na primeira infância é aplicada por suas mães. Muitas mulheres acreditam que se aliar ao patriarcado é uma maneira fácil de garantir uma posição de destaque em relação às outras mulheres perante os homens — ou apenas de conquistar o afeto masculino. Como se convenceram de que não seriam dignas de serem amadas por mérito próprio, aceitam servir de capataz do patriarcado e aplicar sua educação e disciplina.

Veja, essas mulheres são, sim, vítimas do mesmo sistema e, enquanto vítimas, merecem ser acolhidas. Mas considerá-las somente vítimas sem poder de ação seria uma atitude condescendente — e até machista. Toda mãe diante de um menino pequeno está diante de uma disparidade de poder muito superior àquela que encontra diante de um homem.

Quando resolvi abrir para minha família, já crescida, que fora abusada sexualmente na infância por uma pessoa de nosso círculo, foi das mulheres que ouvi as advertências mais pesadas. "Você deveria ter levado isso para a tumba. Por seu egoísmo, nossa família vai se dividir", escutei de mulheres que levavam meu sangue nas veias.

Na política, é fácil encontrar essas figuras. Damares Alves, Sarah Winter, Regina Duarte, Phyllis Schlafly. No dia a dia, ainda mais. São poucas aquelas que podem afirmar com sinceridade nunca terem atacado a autoestima, a reputação ou o patrimônio de outras mulheres por inveja, ciúmes ou para conseguir qualquer outro benefício, como uma faxina abaixo do preço. É difícil escapar das engrenagens quando se está dentro de um maquinário movido à competitividade feminina.

Isso ocorre porque pouco importa quem você é e quão desprovida de privilégios seja sua situação: sempre haverá circunstâncias em que há alguém mais fraco que você — mesmo que esse alguém seja uma criança pequena. Identidades não se colocam em posições organizadas de ranking, mas em estruturas que se interseccionam. Afinal, quem oprime mais, um homem negro ou uma mulher branca?

Se não estivermos vigilantes, nos deixamos influenciar pela cultura de dominação na qual estamos inseridos e replicamos comportamentos opressores quando temos a oportunidade.

Escuto de muitas pessoas desculpas para comportamentos injustos como "ele (a) não é má pessoa, apenas não percebe que isso é ruim" ou "não é maldade, é falta de reflexão". A verdade é que quem não é atento vai acabar, sim, se tornando uma má pessoa. *Em um mundo orquestrado para nos tornar injustos e opressores, o preço da bondade é a eterna autovigil*ância. Seja você quem for.

A segunda cicatriz apontada por Bell Hooks é mais delicada e se refere também à nossa internalização do machismo. Nós, mulheres, somos treinadas, desde o nascimento, para cumprir uma única missão: sermos boas em amar e cuidar de quem amamos. Ouvir de nossos homens que eles se sentem alienados, solitários e carentes escancara quão miseravelmente falhamos nessa tarefa.

Muitas de nós dizemos que queremos homens honestos, sensíveis, abertos a falar de seus sentimentos. Mas nos retraímos e fugimos quando eles o fazem. Achamos que são menos másculos, menos atraentes, alegamos que nos sentimos "sufocadas". Classificamos homens que se esforçam e discutem transformação social como "biscoiteiros" e "querendo atenção". Vale a pena questionar o que está por trás, de fato, desse esconder-se do desabafo masculino.

A verdade é que nem a história, nem os homens adoecidos precocemente para tirar nosso lixo e construir nossas casas, nem os adolescentes negros mortos pela polícia para "garantir nossa segurança", nem as fileiras de meninos com cicatrizes emocionais incuráveis irão nos inocentar no tribunal do machismo. Uma discussão feminista honesta, que de fato alimente uma cura social, deve começar com um *mea-culpa*.

A verdade é que nem a história, nem os homens adoecidos precocemente para tirar nosso lixo e construir nossas casas, nem os adolescentes negros mortos pela polícia para "garantir nossa segurança", nem as fileiras de meninos com cicatrizes emocionais incuráveis irão nos inocentar no tribunal do machismo.

Por que os meninos não choram

> *A razão pela qual os homens são tão violentos é que eles sabem, no fundo, que estão representando uma mentira [...] o que significa que, em uma parte profunda de si mesmos, eles querem se libertar disso e anseiam pela verdade.*
> BELL HOOKS

— NÃO PRECISA CHORAR, FILHO — EU DISSE.

Mas não houve beijinho ou boa intenção que me salvasse da repreensão do meu marido, João:

— Nunca mais diga isso! Se ele está chorando, é porque precisa!

João falava com a propriedade de quem dói. João, um homem bonito por quem me apaixonei porque lacrimejou em nosso segundo encontro, ao ver um desenho animado sobre o amor. João, que era bonito demais para o que a masculinidade esperava dele. Que se tornou "João Chorão" muito cedo na escola, e foi engolindo o choro até ele ficar indigesto no peito estufado de macho. E depois esqueceu como se fazia.

João é meu companheiro há mais de uma década, e eu o vejo como nenhum outro ser humano. Mas sei apontar cada uma das poucas vezes que o vi chorar um choro apropriado. Quando o pai dele saiu de casa após a separação; quando presenteou o pai com o primeiro livro; quando nasceu o nosso filho Jorge; ao olhar as fotos do primeiro ano de vida do nosso bebê. E só. Ele não chorou quando morreu seu padrinho amado, quando por um breve intervalo rompemos o relacionamento, quando nos casamos, quando quebrou um dedo lutando judô, nem nos muitos lindos filmes que vimos desde aquele segundo encontro. E não é que João não tenha sentido tudo isso. Na realidade, suspeito que sinta tudo com uma intensidade rara. Mas João perdeu-se das lágrimas em algum canto da vida, e eles nunca mais se reencontraram em um relacionamento profundo.

Já eu sou toda choro. Desses choros soluçosos e fungantes de peitos arfantes, sem economia de drama ou de nariz escorrendo. Vez dessa que eu chorava, João me olhou bem olhado. E demorei um tempo para perceber que ele me invejava. Invejava minha capacidade de chorar. E me analisou:

— Você tem um método eficiente de equilíbrio emocional: chora como se tudo estivesse acabado para reinventar o mundo quando as lágrimas secam. Seu choro é uma vantagem competitiva.

Na intimidade do amor, João havia descoberto que as lágrimas curam. Mas seguiu sem saber chorar.

Para o nosso filho, tudo que ele desejava era que nunca esquecesse.

E eu também.

Das tantas coisas que nós, mães e pais, queremos proteger os nossos filhos, a insensibilidade deveria ser uma das principais. Não há nada mais triste que viver desencarnado, como se fosse um corpo sem alma que o mova. Mas é isso que ensinamos aos nossos meninos. Que homem não chora, não ama, não fala de sentimentos como um "maricas". Homem não pede ajuda, homem se vira. Homem é forte, não tem vulnerabilidades. E assim cultivamos, em sociedade, uma masculinidade doente.

Eu não digo isso no sentido figurativo, mas literal. Segundo o IBGE, um homem entre 20 e 24 anos tem onze vezes mais chances de não chegar aos 25 anos, na comparação com uma mulher da mesma idade. A mortalidade masculina é superior à feminina ao longo de toda a vida na maioria dos países, e entre jovens e jovens adultos, ela tem seu pico. As causas principais para a diferença? Mortes por causas externas, normalmente relacionadas à velocidade, à violência, à dificuldade de manifestar vulnerabilidade e à necessidade de provar coragem de maneiras imprudentes — empilham-se homicídios, suicídios, acidentes de trânsito, afogamentos, quedas acidentais, entre outros. Os homens também são os líderes no ranking de suicídios. E isso é agravado pelo mito de que depressão é frescura e terapia é "coisa de mulher".

Quando eu estou triste, eu ligo para uma amiga para desabafar; João fica doente. Quando eu fico estressada, eu choro. João sofre de insônia. Quando tenho um problema com meus chefes, escrevo e-mails e tenho longas conversas duras, mas pacificadoras; João se corrói em raiva e silêncio. Já pensaram quantas estratégias de inteligência emocional foram ensinadas a nós, mulheres, e das quais privamos os homens?

Para escrever este livro, senti a necessidade de cutucar a intimidade de homens adultos para entender que caminhos os levaram de meninos inocentes a opressores de diversos níveis. Entrevistei cerca de seiscentos deles, de diversas idades, níveis de escolaridade e vieses políticos. A característica que mais saltou aos olhos durante as entrevistas foi um profundo descolamento dos sentimentos. Como se as próprias emoções desses homens vivessem numa dimensão inacessível para eles. É o que relatam Inácio e Ivo:

> Nossa educação vira uma prisão, ou até uma violência. Eu percebo que muitas mulheres que se relacionaram comigo choravam pelo menos uma vez a cada quinze dias, enquanto eu não lembro a última vez que senti a necessidade de chorar.

> Na minha vida, homens sempre me deram exemplo do que não ser.

> Eu não confio nas pessoas, especialmente em homens. Consequentemente, não consigo me relacionar. Não consigo deixar ninguém se aproximar de mim.

Quando perguntei a cada um deles, por exemplo, qual era o sentimento que melhor descrevia como eles se sentiam enquanto homens na maior parte do tempo, a resposta mais comum foi "não sei dizer". Palavras como pressão, repressão, desconexão, ansiedade, responsabilidade e frustração também foram muito citadas. Entre as positivas apareceram feliz, privilegiado e liberdade. Também achei bastante curioso que muitos dissessem que se sentiam "normais" — uma muleta fácil para evitar se aprofundar e um entendimento bem raso da realidade, já que pressupõe que normalidade tenha sexo e seja o masculino.

Abaixo você pode visualizar uma nuvem de palavras com os termos mais citados.

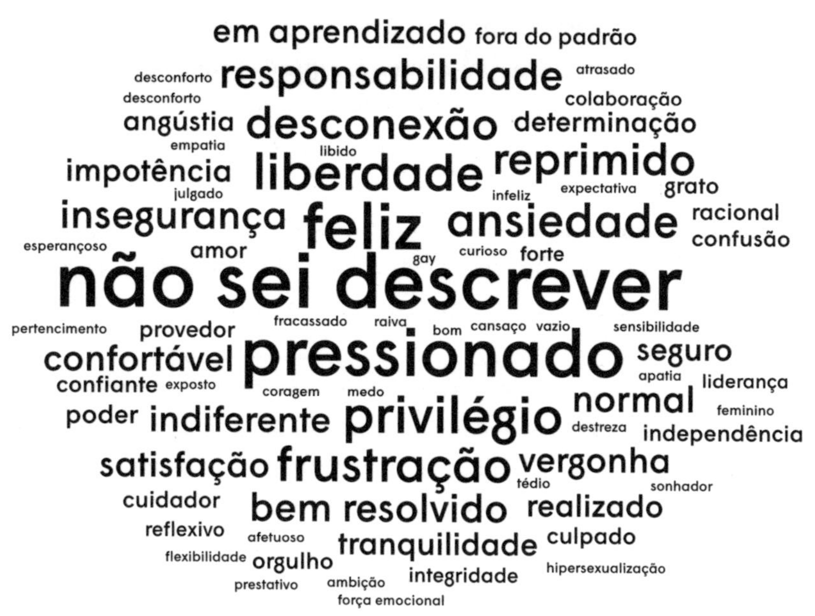

Também observei uma resistência desses homens em tentar conhecer melhor esse universo emocional. E não que eles não percebessem a necessidade de fazê-lo — oito em cada dez disseram já ter sentido a necessidade de se consultar com um profissional de saúde mental ou já receberam essa recomendação de outros, mas, destes, só seis buscaram ajuda. No grupo dos homens com mais de 45 anos, sete em cada dez nunca cuidaram da saúde mental — é uma geração para a qual a máxima do homem autossuficiente era mais forte. E são também os homens dessa geração os que mais se perderam das lágrimas: 32% não tinham uma única pessoa no mundo com quem se sentiriam confortáveis para chorar. É preciso levar em consideração, ainda, que, como minha pesquisa se baseava no voluntariado, o perfil de meus entrevistados era mais "desconstruído" do que a média nacional. Em campo, minhas assistentes relataram uma grande resistência de homens que se identificavam como conservadores ou de direita a responder ao questionário.

As razões citadas para não buscar ajuda profissional variavam bastante, mas alguns admitiam não ter coragem de se abrir, achavam a exposição e o gasto desnecessários, enquanto outros não tinham coragem de enfrentar o que encontrariam em um divã ou se achavam capazes de resolver seus problemas sozinhos. Um deles chegou a dizer:

> Eu mesmo falo sobre como a saúde mental é importante. Mas ir a um psicólogo parece uma derrota individual.

Não só o choro havia sido reprimido, desde a infância, nesses homens. Um número considerável deles lamentava não poder manifestar afeto por mulheres ou por outros homens sem serem tachados de "maricas". Foi muito marcante para mim a história de

Christian,[3] cujo pai rompeu relações com ele por três meses depois de ver nas suas redes sociais uma foto com um amigo gay. E também a memória de masculinidade dolorida que Roberto carrega: "Não consegui abraçar meu pai quando minha avó faleceu."

De vez em quando me pego pensando em meu filho Jorge, na sua doçura e amorosidade. Em como me traz beijinhos gratuitos no escritório enquanto me refugio para escrever este livro. Em como pede chameguinhos para as avós antes de dormir. Todo menino tem um tremendismo de afetos. Mas eles podem ser desenvolvidos como essenciais à identidade pessoal — ou ser um preço cobrado para "se encaixar" nos duros critérios da masculinidade. Quem ganha com essa ideia de que afetos não são coisa de homem? Porque os homens certamente não — e as mulheres, ainda menos.

Não consigo me esquecer da mágoa dolorosa na fala de um dos jovens que participou da minha pesquisa:

> Já feri muitas pessoas para provar ser homem. Traí para ser homem, briguei para ser homem. Mas, quando quis mostrar meu outro lado, só vi olhares que julgam.

Ensinar inteligência emocional aos meninos é a melhor estratégia de combate a todo tipo de violência. Reeducar toda uma nova geração de homens a chorar (e abraçar) deveria ser política de saúde pública, pois verdadeiramente evita mortes.

3 Os nomes de todos os homens citados neste livro são fictícios. Todos eles responderam à pesquisa sob a condição de anonimato.

**Na intimidade do amor, João havia descoberto que as lágrimas curam. Mas seguiu sem saber chorar.
Para o nosso filho, tudo que ele desejava era que nunca esquecesse.
E eu também.**

Um cérebro de ~~menino~~ gente

Sempre se supôs que os dois modelos biológicos distintos que produzem corpos femininos e masculinos diferentes também produzirão diferenças no cérebro, que sustentarão as diferenças sexuais nas habilidades cognitivas, nas personalidades e nos temperamentos. Mas o século 21 não desafia apenas as antigas respostas — ele desafia a própria pergunta.
GINA RIPPON

QUANDO JORGE NASCEU, João e eu tínhamos um cuidado particular em não limitar propositalmente o mundo de nosso filho. A vida de Jorge deveria ser tão ampla quanto ele quisesse. Para começar, desejávamos que Jorge fosse dono de todas as cores disponíveis. Pintamos o quarto dele de rosa, azul, verde e amarelo e o decoramos com animais de todos os cantos do mundo.

Já na maternidade, no entanto, recebemos um lembrete amargo de como o mundo não teria a mesma cautela. Eu ainda estava bêbada de hormônios do parto normal quando a pediatra de Jorge, Sílvia, nos estendeu opções de toucas e luvinhas rosa e azuis para proteger Jorge do ar-condicionado do hospital.

— Qual cor vão querer? — ela perguntou, respeitosa.

E eu respondi que ela me desse um de cada. Acabamos com uma touca rosa e luvinhas azuis.

Minutos depois, a enfermeira de plantão entrou na sala

de parto para nos conduzir até o quarto. Mirou as madeixas pretas saindo pelos cantos da touquinha e elogiou nossa "linda menina cabeluda". Nunca me injuriei quando confundiam Jorge com uma menina. Não há nada ofensivo em ser menina, e nunca entendi por que algumas pessoas se incomodam tanto com isso. Apenas expliquei:

— Obrigada, mas este é o Jorge, meu filho, que é menino, a não ser que um dia nos diga o contrário — e sorri.

A mulher pediu que trocássemos a cor da touca de Jorge ou seu emprego estaria em jogo — "vai que a administração do hospital toma ciência disso". Cedemos. Não sei se foi por pena da moça (que, afinal, não era culpada pela prática estereotipada e limitante da maternidade) ou se foi porque minhas entranhas ainda doloridas de dezesseis horas de trabalho de parto e 48 horas sem dormir me disseram que uma briga de conceitos naquele momento seria demais para a nossa psique. Eu não queria que as primeiras horas da vida de Jorge se passassem num campo de batalha, então optei por uma compaixão não silenciosa. Expliquei que não concordava com aquilo, mas que não queria prejudicá-la de forma alguma.

A verdade é que o cérebro debaixo daquela touquinha rosa não era em quase nada diferente do pequeno cérebro das meninas das salas ao lado. Mas, naquele momento, ele começava a se diferenciar porque o mundo havia passado a moldá-lo para o que se esperava de um "menino" — com a primeira lição já dada a Jorge de que meninas eram diferentes dele, eram "o outro".

"No encéfalo de humanos, os dimorfismos [diferenças, neste caso, sexuais, entre tipos de uma mesma espécie] provaram ser pequenos, sutis, poucos e de função desconhecida" — é a primeira lição sobre as distinções dos cérebros de homens e mulheres em um dos manuais científicos básicos de estudantes de neurociências[4] (curiosamente de autoria de três cientistas homens sem aparentes flexões feministas). A verdade é que a neurociência moderna e os avanços tecnológicos mais recentes nos aparelhos de medição das atividades cerebrais têm colocado em xeque, um a um, os mitos de que meninos e meninas são e pensam diferente porque nascem com encéfalos diferentes.

Isso é um afago em quem espera que, no futuro, argumentos antiquados e pseudocientíficos deixem de ser usados para castrar meninos e meninas de seu potencial e sua identidade. Porém, estudos antigos e sem credibilidade científica — normalmente baseados no funcionamento do cérebro de ratos ou macacos e extrapolados a cérebros humanos — ainda pipocam aqui e ali em artigos, conversas e esferas de debate de políticas públicas para justificar atitudes simplesmente preconceituosas.

O que acontece, na realidade, é que o cérebro humano não só absorve as informações a partir das experiências às quais é exposto, como também muda sua estrutura física a partir desses estímulos, como uma massinha de modelar.[5] Ele é uma máquina impressionante e maleável desde o nascimento até a morte de um indivíduo — mas principalmente nos dois primeiros anos da vida de uma pessoa, quando as conexões neurais se multiplicam de forma estrondosa.[6] Só nos primeiros três meses de uma criança, veja só, seu número de neurônios cresce mais de 30%! E há mais conexões sinápticas no cérebro de bebês do que no de adultos, quase o dobro.[7]

4 Mark F. Bear, Barry W. Connors e Michael A. Paradiso, Neurociências: desvendando o sistema nervoso. Porto Alegre: Artmed, 2017.
5 Um podcast interessantíssimo sobre este tema é o bate-papo entre os pesquisadores Brené Brown e David Eagleman em "Unlocking Us", disponível no Spotify.
6 Gina Rippon, *Gênero e os nossos cérebros: como a neurociência acabou com o mito de um cérebro feminino ou masculino*. Edição Kindle. Rio de Janeiro: Rocco Digital, 2021.
7 Ibid.

Curiosamente, é também na fase em que o cérebro vive o ápice de sua plasticidade que a sociedade o bombardeia com "treinamentos de gênero" que se tornam profecias autorrealizáveis — ou deixa de treiná-lo para desenvolver habilidades úteis para as quais ele seria plenamente hábil. Homens não são melhores em dirigir e construir prédios porque seus cérebros têm essa capacidade; seus cérebros têm essa capacidade porque foram expostos, desde pequenos, a brincadeiras estimulantes com blocos de montar e carros, enquanto as meninas brincavam de cozinhar. O que precisamos entender é que, devido à própria natureza plástica do cérebro, "um mundo generificado produzirá um cérebro generificado".[8]

Imaginemos o cérebro como uma orquestra gigantesca e complexa. Esse grupo de músicos tem potencial para tocar uma variedade surpreendente de melodias — e o fará, se for devidamente treinado para isso. Cada vez que uma criança percebe, por exemplo, que blocos de Lego em cima uns dos outros criam estruturas, seu encéfalo ativa os músicos apropriados para tocar essa música, a "sinfonia da construção". Conforme a atividade prossegue, a plasticidade do cérebro (o maestro desta metáfora) orienta os instrumentistas a tocarem cada vez melhor e com mais harmonia. Chegamos a uma verdadeira sonata de Beethoven que, na vida real, se converte em prédios e castelos e, quem sabe, engenheiros muito habilidosos.

Por outro lado, quando um menino chora e é repetidamente reprimido, é como se um conjunto de flautistas começasse a ensaiar uma nova composição e fosse ordenado pelo maestro a deixar de tocar. Com o tempo, os flautistas não só não desenvolverão sua técnica musical como não aprenderão a harmonizar

8 Ibid.

sua melodia com o restante da orquestra. A sinfonia não tocada se torna falta de inteligência emocional.

É isso que chamo de "treinamento de gênero". Projetamos sobre as crianças nossas próprias expectativas sobre como meninos e meninas deveriam se comportar. Roubamos de seus cérebros oportunidades de se desenvolverem plenamente e com liberdade e propiciamos treinamentos de habilidades de maneira desigual para manter uma estrutura social desigual. Isso é feito com a escolha de brinquedos, brincadeiras, roupas, produtos culturais e nas interações sociais mais complexas com "prêmios" e "punições" físicas, simbólicas e afetivas. Meninas são mentalmente exercitadas em habilidades emocionais e de cuidado — toquem à vontade, flautistas —, enquanto meninos aprendem, repetidamente, habilidades que os levam a dominar o mundo lá fora, mas jamais seu mundo interior — calem-se, flautistas, só determinadas partes da orquestra são permitidas nesta casa de espetáculos.

Seus cérebros, que saíram praticamente idênticos da maternidade, se tornam diferentes, gozam de oportunidades diferentes e estruturam uma sociedade desigual. Então, invertemos a lógica: dizemos que sempre foram diferentes e que, por isso, a sociedade é desigual. Uma falácia.

Fico surpresa ao constatar que muitas pessoas capazes de reconhecer que os nazistas manipularam a ciência para tentar "provar" a superioridade de arianos sobre judeus com base, por exemplo, no tamanho do crânio[9] tenham tanta dificuldade para admitir que o mesmo foi e tem sido feito para estabelecer a inferioridade feminina ou controlar a natureza masculina. Talvez porque seja muito mais conveniente admitir que as

9 Enciclopédia do Holocausto. Disponível em: <encyclopedia.ushmm.org/content/pt-br/article/nazi-racism>.

mulheres têm instinto maternal e leal, enquanto os homens são sexuais e incontroláveis, com base em análises de cérebros de primatas ou roedores. Assim fica fácil justificar traições e estupros: basta culpar a "natureza do homem".

Uma das análises mais completas sobre o tema, por levar em consideração os aspectos científicos e sociais da questão, é o livro *Gênero e os nossos cérebros*, de Gina Rippon. Nele, a neurocientista esmiúça as falhas nos mais célebres estudos do que chama de "neurolixo" para mostrar como as supostamente comprovadas diferenças naturais e científicas dos cérebros de homens e mulheres foram demonstradas com metodologias frágeis, tecnologias limitadas, extrapolando conclusões tiradas de animais com estrutura cerebral menos desenvolvida e baseadas em grupos extremamente pequenos de indivíduos estudados. Não faltam exemplos em que o funcionamento do cérebro de um grupelho de homens e mulheres foi usado para determinar o destino de todos do seu sexo. Como o famoso estudo — ainda hoje citado em artigos científicos e da grande imprensa — que concluiu que as mulheres usam os dois lados do cérebro para desempenhar funções de linguagem, enquanto os homens usam apenas um, com base unicamente na atividade encefálica de onze mulheres (entre dezenove) em uma única tarefa.[10]

Além disso, até bem recentemente, a busca — e o financiamento de estudos — estava focada exclusivamente em encontrar

10 G. Kolata, "Men and Women Use Brain Differently, Study Discovers", *New York Times*, 16 fev. 1995. Disponível em: <www.nytimes.com/1995/02/16/us/men-and-women-use-brain-differently-study-discovers.html>. Vale ressaltar que diversos outros estudos com amostragens mais robustas mostraram que tais diferenças não existem. Ver também Iris E. C. Sommer, André Aleman, Anke Bouma, René S. Kahn, "Do Women Really Have More Bilateral Language Representation Than Men? A Meta-Analysis of Functional Imaging Studies", Brain, v. 127, n. 8, ago. 2004. Disponível em: <academic.oup.com/brain/article/127/8/1845/297528?login=true>.

as diferenças inerentes ao funcionamento mental de homens e mulheres. Estudos que concluíam que essas diferenças simplesmente não existiam eram considerados fracassados ou inválidos e jamais publicados. Toda a pesquisa já era tendenciosa *a priori*.

Ainda há muito que não sabemos sobre o cérebro humano, e é possível que em apenas uma década algum grupo de estudantes de neurociências possa desbancar as teorias dos mais respeitados pesquisadores da área hoje. Mas o que sabemos já é suficiente para entender que os cérebros das crianças — sejam elas meninos ou meninas — podem ser, ao menos em parte, moldados a partir de vivências e estímulos. Uma criação baseada em fatos científicos atualizados que preza pelo pleno desenvolvimento do indivíduo deve se ancorar na liberdade, no respeito às particularidades e na oferta de oportunidades amplas de evolução a todas as crianças.

O neurocientista Augusto Buchweitz, que estuda como o cérebro aprende coisas novas, frisa a importância dos primeiros anos de vida das crianças, quando ocorre uma explosão de neurônios e sinapses. "É um período em que a sociedade deve se ocupar de estimular a criança afetivamente, cognitivamente, com nutrição e com segurança. É um período em que, na falta de afeto e estímulo, perde-se muito do potencial da criança. Isso é crítico para essa etapa." Porém, ele alerta contra a cilada de entender a plasticidade de forma simplista.

Um cérebro é uma orquestra tão complexa que entendê-lo não basta para compreendê-lo: ele não só é influenciado por diversas outras partes da "casa de espetáculos" como influencia seu funcionamento. Por isso, apesar de sua plasticidade impressionante, a sociedade não pode simplesmente moldar uma criança como faz com uma peça de barro. É por essa razão que não dá, por exemplo, para ensinar uma pessoa homossexual a ser heterossexual. Entram na conta, aqui, uma série de outros componentes, como a genética.[11]

"Sim, é preciso entender as influências socioculturais, mas ao mesmo tempo é importante ressaltar que temos uma carga genética (uma programação), e como essa carga genética é 'executada' pode variar por conta do ambiente e por conta das diferentes interações entre os genes", explica Augusto. "Pense que temos milhões de informações nos genes, que se combinam e formam uma pessoa muito única, certo? Como essas informações se combinam é determinante para quem nos tornamos, assim como o ambiente."

Por que um esforço social tão grande em reduzir o potencial milagrosamente irrepetível de cada criança? Por que não dar às suas mentes, como damos às diversas partes de seus corpos, oportunidades para desenvolver as potências que acharem interessantes? E potências que os ajudem a viver de maneira mais feliz e com menor grau de sofrimento?

Não se trata de "moldar crianças numa ideologia de gênero feminista". Não. Ideologia de gênero é esse treinamento ostensivo, repetido, violento, castrador e traumático que está posto para adequá-las a uma fôrma. Trata-se de aproveitar oportunidades de nutrição intelectual e afetiva *independentemente* do gênero de cada criança.

E essas oportunidades estão escondidas em trivialidades do cotidiano. Por exemplo, quando eu interrompia as crises de birra do Jorge para dar nome às suas emoções e explicar o que ele estava sentindo, eu estava ajudando seu pequeno cérebro a

11 Os estudos mostram que a orientação sexual é mais comumente compartilhada por gêmeos idênticos do que não idênticos, por exemplo. Isso sugere que vivências e o ambiente social a que os indivíduos são expostos não teriam tanta influência na orientação sexual. Ver Kevin J. Mitchell, Innate: *How the Wiring of Our Brains Shapes Who We Are.*

fazer conexões novas e dar explicações lógicas a sentimentos irracionais. O resultado era a redução da agressividade, já que racionalidade passava a ponderar e moderar seu comportamento instintivo. Por outro lado, ao validar tudo que ele sentia e não menosprezar suas emoções ou lançar a máxima "homem não chora", eu estava lhe permitindo fazer, logicamente, o caminho inverso, dando significado afetivo para todas as experiências e informações que ele absorve do mundo. Essas habilidades são centrais para o autocontrole, o comportamento social e até para elaborar traumas, por exemplo.[12]

Não acredito em regras mágicas. Cada família terá que descobrir caminhos específicos (e ele vai variar de criança a criança), mas conto aqui um exemplo do que deu certo comigo para ajudar a ilustrar. Lembro-me de uma vez em que João viajou a trabalho por um longo período, causando profundo sofrimento e crises histéricas em Jorge. Um dia, cheguei em casa e encontrei o menino de 2 anos em cima da árvore de Natal, reduzida a cacos no chão. Perguntei a ele por que havia feito aquilo.

— Porque estou com o monstrinho da raiva na minha barriga. É porque o papai está longe.

Nós dois nos sentamos e tivemos uma longa conversa sobre como o papai o amava e que estava longe para fazer uma reportagem que iria ajudar a proteger os animaizinhos da Amazônia. Assim, quando Jorge conhecesse a floresta, ela seria mais bonita para ele usufruir dela. Dali até o retorno de João, toda noite, Jorge e eu contávamos a história do papai e listávamos todos os bichinhos bonitos que seu trabalho ia salvar. Assim, salvamos também a árvore de Natal de outros ataques de fúria irracionais.

A educação generalizada que oferecemos aos nossos meninos,

12 Daniel J. Siegel e Tina Payne Bryson, *O cérebro da criança*. São Paulo: Versos, 2015.

porém, faz o oposto. Reprime a potência de conexão do cérebro e supervaloriza o instinto e a satisfação irracional de desejos em detrimento das conexões a que o ser humano tanto anseia. E a plasticidade magnífica de seus encéfalos é usada contra eles, colaborando para torná-los indivíduos que, literalmente, usam só uma parte da cabeça.

Outra descoberta fascinante da neurociência é que nossos cérebros são programados para se encaixar socialmente. Eles constroem padrões e fazem previsões sobre que tipo de comportamento é esperado de nós — e a rejeição nos causa uma reação de dor social,[13] uma dor que não é metafórica, mas física, real. Ou seja, quando nos comportamos de acordo com o que o grupo espera de nós, mesmo contrariando nosso próprio eu, estamos, na verdade, tentando nos proteger dessa dor.

As crianças também se desenvolvem baseadas em neurônios-espelho, especialistas em imitar o comportamento dos adultos. Enquanto todas essas características foram vantagens competitivas para nossa espécie durante a evolução, elas também podem ser armadilhas para os pequenos humanos em formação, pois podem colocá-los como reféns dos estereótipos a que são expostos e dos exemplos a que têm acesso.

Nas minhas entrevistas surgiram muitos relatos reais sobre como a pressão do grupo e o desejo de serem aceitos havia levado alguns homens a tomar atitudes que até hoje eles não conseguem entender bem por quê. A pior parte é que muitas dessas atitudes haviam causado sofrimento emocional e físico.

Marco, por exemplo, falou sobre um problema sexual que estava tendo com uma garota. Sentia-se tão nervoso e intimidado perto dela que não conseguia performar. Foi compartilhar

13 Gina Rippon, op. cit., cap. 3.

a dificuldade com o pai, que, em vez de escutá-lo e acolhê-lo, achou que a melhor solução seria levá-lo a um prostíbulo. "Me lembro de achar completamente bizarro aquele quase ritual, a performance dela, me senti muito diminuído, infantilizado. Transei com ela, mas não foi bom. Fiquei frustrado porque meu pai queria achar uma 'solução' e eu queria apenas entender o que estava acontecendo." Mais tarde, Marco chegou a se sujeitar a exames dolorosos e invasivos no pênis para tentar encontrar respostas. A conclusão foi que, fisicamente, estava tudo bem com seu corpo. O problema devia ser a ansiedade. Mesmo assim, o médico "não conversou comigo, não me orientou para um psicanalista, um terapeuta sexual, nada".

Histórias de iniciações sexuais semelhantes abundavam. Situações que poderiam facilmente ser descritas como estupros causados por coerção social dos pares ou homens mais velhos — muitas vezes com meninos que estavam abaixo da idade legal de consentimento.

Na pesquisa, me chamou muito a atenção também que comportamentos (auto)destrutivos fossem incentivados e comportamentos construtivos, rechaçados. Aqui entram as histórias de Gabriel, ridicularizado pelos colegas de escola por participar de um workshop sobre consentimento, e o comentário de Guilherme:

> O mundo masculino é cheio de desafios do tipo "faça isso, senão você não é homem", em todos os assuntos. Saltar de grandes alturas, ficar com garotas, sair na porrada com outra pessoa, acelerar mais de 120 km/h, ir no puteiro, usar drogas.

Em suma, o dilema natureza versus criação é falso. A natureza influencia a criação e a criação influencia a natureza — e nós somos partes ativas e com poderes nesse processo. Alimentamos os cérebros de meninos que, por sua vez, alimentam o mundo ao seu redor — através da cultura, dos relacionamentos ou do comportamento de massa. E, se podemos moldar o que significa ser homem até na biologia humana mais básica, me parece bem pouco racional continuar esculpindo uma masculinidade tão violenta e destrutiva quanto a que viemos dando para o mundo até então.

Não se trata de "moldar crianças numa ideologia de gênero feminista". Não. Ideologia de gênero é esse treinamento ostensivo, repetido, violento, castrador e traumático que está posto para adequá-las a uma fôrma.

Breve história do patriarcado, do sexo, de Deus e do capitalismo

Senhor dos escravos e da terra, o homem torna-se também proprietário da mulher. Nisso consiste "a grande derrota histórica do sexo feminino".
SIMONE DE BEAUVOIR

Mitos são as religiões dos outros.
JOSEPH CAMPBELL

NO PRINCÍPIO, ERA A DEUSA, e a fertilidade de toda a terra estava com a Deusa, e a terra era a Deusa. E as mulheres eram a representação humana dos poderes criadores da Deusa. Expeliam gente como num passe de mágica, de dentro de si, sem que o homem suspeitasse que tinha participação no processo. A mulher era toda milagre e mistério. Gozava de respeito, prestígio e assombro.

O ser humano era nômade e vivia do que a terra lhe dava. Não havia economia ou troca. O sexo era livre e havia casamentos flexíveis e até grupais. E a masculinidade, como a conhecemos, não existia.[14]

A história pede licença neste momento para completar o trabalho do capítulo anterior sobre biologia: desmistificar a ideia de que existe uma origem natural e inescapável para a organização

14 Este capítulo se baseia nas pesquisas dos pensadores Friedrich Engels, Simone de Beauvoir, Michel Foucault, Nickie Roberts e Dag Øistein Endsjø.

de nossa sociedade e o jeito de ser homem que conhecemos. Por séculos, o patriarcado tem manipulado a ciência, a história e a religião para nos convencer de que "homens e mulheres são assim porque nasceram assim e isso sempre foi assim" — uma estratégia eficiente para refutar questionamentos. Mas a verdade é que o patriarcado, assim como as noções de masculinidade e feminilidade, são criações humanas que se desenvolveram paulatinamente ao longo de milênios antes de dominarem a maneira como criamos nossas crianças.

No escondido da história de deusas e deuses, da evolução da economia e do tabu sexual podemos encontrar a luta simbólica e material que amparou a dominação dos homens. Em alguns momentos, a construção do machismo servia à economia, à espiritualidade e ao tabu sexual. Em outros, se alimentava deles para ganhar força e prestígio. Foram processos recíprocos e simultâneos e creio que seja quase impossível determinar o que veio primeiro — de modo similar ao falso dilema cérebro/cultura.

No Paleolítico (período pré-agricultura), grande parte dos homens adorava a Deusa, segundo a maioria das evidências arqueológicas.[15] A Deusa atendia por muitos nomes e assimilou, ao longo da história, com facilidade, todas as outras deusas no contato com novas religiões e povos. Era Inana na Mesopotâmia antiga, Gaia na Grécia, Cibele na Ásia Menor.

Seu reinado, esquecido ou relegado como uma coleção de "estranhos cultos de fertilidade", durou, na realidade, 25 mil anos.[16] Começou em algum ponto do Paleolítico e foi fragmentado, enfraquecido e, por fim, subjugado no Ocidente com o triunfo do Deus judaico-cristão.

15 Nickie Roberts, *As prostitutas na história*. Rio de Janeiro: Record, 1998, cap. 1.
16 Ibid.

Com a descoberta da agricultura, no Neolítico, a posição da mulher na sociedade começa a enfrentar seus primeiros desafios. Quando o primeiro ser humano ergueu uma cerca em torno de sua plantação, criando o conceito de propriedade privada, ele começou a delinear a realidade que levaria à subjugação da mulher.

Em *A origem da família, da propriedade privada e do Estado*, Engels defende que a noção de posse está na síntese do patriarcado:

> O fator determinante na história é a produção e reprodução da vida imediata [...] De um lado, a produção de meios de subsistência, de produtos alimentícios, habitação e instrumentos necessários para isso. De outro, a produção do mesmo homem, a reprodução da espécie.

Até aquele momento, a reprodução era considerada um poder místico feminino. Logo, a descendência de alguém só podia ser determinada pelo lado feminino. Era o que chamamos de direito matriarcal. Quando as primeiras tribos de homens começaram a criar animais e a observar sua reprodução, tiveram finalmente o estalo de que a vida se dava pela combinação do poder criador de homens e mulheres.

Mesmo assim, como a prática do sexo era livre, era impossível saber que homem era pai de cada criança. Isso, por muito tempo, não foi um problema. "Se algo é sem dúvida certo é que o ciúme é um sentimento que se desenvolveu relativamente tarde", conclui Engels. Mas a noção de posse da terra abria alas para a noção de posse de outro ser humano — das mulheres, mais precisamente.

Como trabalhavam por anos em suas plantações e criações de rebanhos, os homens começaram a querer garantir que o fruto de seu esforço fosse deixado como herança para seus próprios descendentes. Já que não havia testes de DNA que lhes dessem qualquer garantia, a solução encontrada foi controlar a sexualidade feminina. E, para controlar a sexualidade feminina, eles tinham que controlar o próprio ir e vir das mulheres, mantê-las ao alcance dos olhos, tornar seu comportamento visível para todos e passível de julgamento social.

"Senhor dos escravos e da terra, o homem torna-se também proprietário da mulher. Nisso consiste 'a grande derrota histórica do sexo feminino' [...] É o aparecimento da família patriarcal baseada na propriedade privada", explica Simone de Beauvoir em *O segundo sexo*.

A explicação filosófica de Simone para a dominação feminina é que, já na pré-história, enquanto o homem saía para conquistar territórios e caçar, colocando a própria vida em xeque e trazendo prosperidade a seu grupo, ele afirmava que havia um sentido maior para sua existência que sua própria vida. Esse sentido fazia com que transcendesse para além dos outros animais. Enquanto isso, a mulher ficava confinada ao reino doméstico, aceitando seu destino biológico, tornando-se uma espécie de escrava da espécie.[17]

A teoria, ouso dizer, parece-me falha, já que desconsidera que o próprio ato de gerar — e de parir — coloca a vida da mulher em risco em função de uma das missões mais essenciais e transcendentes da raça humana. Cada um dos gêneros assumia, assim, um dos pilares definidores da história dos quais falava Engels: os homens, a subsistência e o avanço material do presente; as mulheres,

17 "A fêmea, mais do que o macho, é presa da espécie; a humanidade sempre procurou evadir-se de seu destino específico; pela invenção da ferramenta, a manutenção da vida tornou-se para o homem atividade e projeto, ao passo que na maternidade a mulher continua amarrada a seu corpo, como o animal. É porque a humanidade se põe em questão em seu ser, isto é, prefere razões de viver à vida, que perante a mulher o homem se pôs como senhor; o projeto do homem não é repetir-se no tempo, é reinar sobre o instante e construir o futuro. Foi a atividade do macho que, criando valores, constituiu a existência, ela própria, como valor: venceu as forças confusas da vida, escravizou a Natureza e a Mulher." Simone de Beauvoir, *O segundo sexo*. Rio de Janeiro: Nova Fronteira, 2014.

a subsistência e o avanço material do futuro — a continuidade, o legado. Ambos transcendiam.[18]

Sim, a humanidade não quer apenas se manter: quer se superar, como defendeu Simone.[19] Mas esse desejo de superação também é geracional: prosperar no decorrer dos tempos. O sucesso da minha prole faz com que meu próprio sucesso transcenda o limite da minha vida. A história mostra que o sistema patriarcal atingiu seu ápice não na pré-história, mas depois que a humanidade já entendia como ocorria a reprodução e quando filhos significavam mais mão de obra para plantações, mais força para proteger os territórios e mais prestígio. A importância dos descendentes fica clara também no papel central que a herança teve no controle da sexualidade feminina. Nesse momento, a reprodução tinha a máxima transcendência e sentido, e, mesmo assim, a mulher foi oprimida.

Porque não era a mulher que era escrava da espécie, era a espécie que era escrava da mulher. Se ela se negasse a seguir com gestações, abandonasse os bebês ou até se negasse ao sexo, a raça humana acabaria. Na minha opinião, foi o medo desse poder feminino que levou os homens a oprimirem as mulheres — na tentativa de reter parte desse poder através do controle. E, assim, garantir o próprio legado através da descendência.

18 Acredito que muito do pensamento feminista construído no século passado se baseou — talvez por necessidade de libertação da maternidade compulsória — num pensamento de rejeição da maternidade e de culpabilização da maternidade pelos infortúnios da mulher. Para mim, é imperativo que o feminismo incorpore a maternidade como escolha válida de mulheres livres e abandone a narrativa histórica de que, em maior ou menor grau, essa potência do corpo humano é responsável por nossa opressão histórica.

19 "Mesmo nos momentos em que a humanidade reclamava mais asperamente maior número de nascimentos, a necessidade de mão de obra superando a de matérias-primas a explorar, mesmo nas épocas em que a maternidade foi mais venerada, não permitiu ela que as mulheres conquistassem o primeiro lugar. A razão está em que a humanidade não é uma simples espécie natural: ela não procura manter-se enquanto espécie; seu projeto não é a estagnação: ela tende a superar-se."

Isso não ocorreu da noite para o dia. Casamentos grupais foram aos poucos substituídos por casamentos semimonogâmicos em que, eventualmente, homens compartilhavam suas mulheres com outros homens como uma espécie de "imposto" a ser pago por sua posse.[20] Em várias partes do mundo, a vitória absoluta da monogamia — ao menos da monogamia feminina — se deu com o monoteísmo judaico-cristão.

Era preciso, porém, uma explicação moral e filosófica para o controle da sexualidade e da mulher (e do homem, em última instância). A evolução da economia e a organização dos Estados fez com que surgissem éticas de guerra — para servir à expansão — e do trabalho — para movimentar a produção e a circulação de mercadorias. A identidade masculina é lentamente costurada a esses princípios de violência, coragem, domínio, trabalho e à missão de prover. Além disso, concessões são dadas aos homens no sexo para satisfazer o imperativo de renovação da mão de obra, já que uma mulher pode gerar apenas um bebê a cada nove meses e um homem, quantas crianças quiser, se houver mulheres disponíveis.

Paralelamente, trava-se uma disputa no reino dos deuses.

Há mais ou menos 3 mil anos na cultura ocidental, a Deusa de muitos nomes, que era Hera na Grécia pré-helênica, é forçada a um casamento infeliz e conturbado com Zeus quando invasores de culturas patriarcais chegam do Norte.[21] Depois, povos nórdicos e arianos desagregam sua identidade, enfraquecendo seus poderes: não há mais a Deusa múltipla, poderosa e criadora, com D maiús-

20 Friedrich Engels, *A origem da família, da propriedade privada e do Estado*, prefácio à quarta edição (1891).
21 Jennifer B. Woolger e Roger J. Woolger, *A deusa interior*: um guia sobre os eternos mitos femininos que moldam nossas vidas. São Paulo: Cultrix, 1993, introdução.

culo, mas a deusa do amor, a deusa da guerra, a deusa da caça, a deusa da fertilidade.[22]

E foi uma deusa, Atena, que o mito escolheu para decretar a vitória do direito patriarcal. Juíza no julgamento de Orestes por matar a própria mãe — que, por sua vez, havia matado o marido e pai de Orestes —, ela decreta que o assassinato da mãe é um recurso válido para vingar a honra do pai.[23]

Enfim, a filosofia faz a cova discursiva em que as religiões monoteístas enterram os últimos resquícios de cada uma das deusas — devemos a Aristóteles a ideia de que "uma mulher inteligente é um fato contranatural" e a tantas outras ideias semelhantes. O deus patriarcal triunfa.

Para quem tem fé, analisar a própria religião como um discurso manipulável pode ser desafiador. Mas, com um esforço de honestidade intelectual e espiritual, mesmo os mais crentes podem reconhecer que a mão do homem moldou Deus à sua imagem e semelhança — ao contrário do que diz a Bíblia — mais vezes do que se gostaria de admitir.

Em 1963, por exemplo, o ex-presidente dos EUA, Harry S. Truman, disse em uma entrevista que esperava que casamentos interraciais não se tornassem algo comum porque "Deus criou o mundo assim, basta ler a Bíblia e você verá".[24] E, sim, ele encontrava respaldo no livro sagrado para sua defesa racista, como a passagem que afirma que aqueles nascidos da miscigenação não entrarão no céu "até a décima geração".[25] Mesmo nazistas cristãos diziam realizar o desejo divino com argumentos semelhantes. Muitos ainda se serviram do mito de que Caim e seus descendentes foram castigados com a

22 Ibid.
23 Friedrich Engels, op. cit.
24 Dag Øistein Endsjø, *Sexo e religião*: do baile de virgens ao sexo sagrado homossexual. São Paulo: Geração Editorial, 2014, cap. 7.
25 Deuteronômio 23:2.

pele negra pelo assassinato de Abel,[26] justificando, assim, a superioridade branca e a segregação.

Enquanto isso, passagens como "não há judeu nem grego; não há servo nem livre; *não há macho nem fêmea*; porque todos vós sois um em Cristo Jesus"[27] são ignoradas em sermões de muitos pregadores conservadores quando seriam justificativas bíblicas bastante válidas para argumentar em favor da equidade de gênero e até contra a condenação da transexualidade.

De fato, uma das coisas mais surpreendentes que encontrei em meu passado católico foi que atos claramente feministas de Jesus são usados para pregar sobre tudo — mas raramente sobre a libertação feminina. E cristãos, por exemplo, discordam entre si, até hoje, se o fato de a mulher ter sido criada de uma costela de Adão é uma mensagem divina de igualdade ou de submissão. A Bíblia, o Corão e a Torá são belos exemplos de quantas interpretações são permitidas a um texto — ou um Deus — desde que haja vontade intelectual e política suficientes.

Vejamos o exemplo do discurso católico em torno da prostituição. Durante quatrocentos anos, a começar em 1161, o bispado britânico teve direito a um percentual do lucro dos bordéis — e com o suor das prostitutas foram construídas muitas das belas catedrais de Londres. Até Santo Agostinho pregou em favor dos prostíbulos: "Suprima a prostituição e luxúrias excêntricas tomarão conta da sociedade." Mas o mais original me pareceu o clérigo Thomas de Chobham, que, no século 13, criou um manual para confessores em que descrevia que as prostitutas tinham o direito de vender sexo — mas, se chegassem ao clímax, tinham a obrigação moral de não receber dinheiro por isso.[28]

26 Dag Øistein Endsjø, op. cit., cap. 7.
27 Gálatas 3:28.
28 Nickie Roberts, op. cit., cap. 6.

O que esses homens não percebiam ao desenvolver a mitologia espiritual patriarcal era a cilada que armavam para si mesmos. Os deuses diversos que conviviam com a humanidade, a visitavam e até tinham filhos com ela foram substituídos por um único molde válido de ideal masculino: o do pai distante, impenetrável e quase inacessível a não ser aos submissos. Um Deus que surge irado, autoritário, vingativo e propenso a guerras e até genocídios — que o digam os conterrâneos de Noé e os habitantes de Sodoma e Gomorra. Esse Deus que, sendo a imagem e semelhança do homem, estabelece um padrão de "normalidade" e confina a masculinidade a fronteiras bastante limitantes.

O psiquiatra e psicoterapeuta Carl Jung chegou a dizer que quando a espiritualidade nos nega uma diversidade de deuses, esses deuses se tornam doenças. Ou seja, cada ser humano tem, dentro de si, uma miríade de emoções, angústias e aspectos de personalidade. A espiritualidade tem a função de sublimar essas aflições e dar sentido às próprias características e vivências. A falta de nuances espirituais, em contrapartida, faz com que muitos desses aspectos permaneçam reprimidos, não elaborados ou incompreendidos, e se tornem doenças psíquicas.

Mesmo após a chegada de Jesus, uma manifestação divina "adocicada" que perdoa e até chora, o Deus do Antigo Testamento ainda é usado para moldar a identidade masculina e até para servir de filtro para interpretar os episódios da vida de Cristo. Como o episódio em que Jesus acolhe Maria Madalena — às vésperas do apedrejamento por promiscuidade — dizendo "quem nunca pecou que atire a primeira pedra", aceitando-a como uma de suas mais próximas e fiéis seguidoras. O episódio poderia ser lido como um recado de que o comportamento sexual feminino não diz respeito a ninguém a não ser à mulher em questão. Mas se transforma para tantos pregadores em mensagem de que só mulheres arrependidas e submetidas serão acolhidas por Deus. E não deixa de ser um novo lembrete de como a sexualidade feminina deve continuar à mercê do julgamento de uma figura masculina, seja para o perdão ou a condenação.

Jesus está sempre cercado de mulheres, mas a elas não é dado o nome de apóstolas. As demonstrações de afeto de Jesus por seus discípulos, principalmente João, não são usadas para libertar os abraços ou emoções reprimidas masculinas. Jesus, afinal, não é traído com um tapinha nas costas, mas com um beijo de Judas — ainda assim, "homem de verdade" é censurado de certos afetos físicos a seus amigos.

A depender da cultura religiosa em que cada homem está inscrito, seu Deus (e seu padrão de masculinidade) está mais ou menos ligado ao Antigo Testamento e, assim, seu conceito de masculinidade é mais ou menos opressor do outro e de si.

É através dessa ética calcada na economia e na religião que hoje educamos as crianças, cuja missão é perpetuar esse sistema começando com seu próprio jeito de ser. Ensinamos padrões destrutivos a nossos meninos e dizemos que devem segui-los porque esse é o mandamento divino — "ostracize os gays, pois vivem em pecado". É o caminho fácil, já que para a vontade de Deus não há questionamento possível. Afinal, como diz a Bíblia, é até impossível entender os seus desígnios.[29] O único caminho é a submissão — ou o inferno.

Na minha pesquisa, não faltou argumento religioso para a falta de autocuidado ou para o desprezo do outro. Alguns entrevista-

29 "Qual é o homem que pode conhecer os desígnios de Deus? Ou quem pode imaginar o desígnio do Senhor? Na verdade, os pensamentos dos mortais são tímidos e nossas reflexões incertas: porque o corpo corruptível torna pesada a alma, e a tenda de argila oprime a mente que pensa. Mal podemos conhecer o que há na terra e com muito custo compreendemos o que está ao alcance de nossas mãos; quem, portanto, investigará o que há nos céus?" (Sabedoria 9,13-18).

dos disseram, por exemplo, que quem está "bem com Deus não precisa de psicólogo". Ou equipararam o trabalho incessante e o sustento da família a uma obrigação quase religiosa, uma missão atribuída por Deus. Ou, ainda, defenderam uma "normalidade divina" que explicava o que significava ser homem e quem merecia ser excluído da categoria.

A espiritualidade de massa está tão doente quanto nossa cultura. Em vez de ser usada para libertar o ser humano e permitir que ele se enxergue e cuide de si de forma integral, ela é manipulada pelos poderes vigentes — inclusive por nós, pais e mães — para controlar e encarcerar a alma. É uma experiência massificante. Que não transcende. Neste sentido, *a religiosidade majoritária, hoje, é uma antiespiritualidade*, porque nos conforma a um padrão que é o avesso da celebração do caráter único de cada ser e a jornada de autoconhecimento que deveriam ser a marca essencial da espiritualidade. Sem trilhar esses caminhos, a espiritualidade não pode nos levar a uma genuína alegria de ser.

Liberdade para fazer não é liberdade para ser

Para se tornar homem, um indivíduo deve pagar um tributo que, em última instância, significa abrir mão de compreender a si e ao mundo de forma original e singular.
SÓCRATES NOLASCO

A eles pertence toda a realidade, desde que essa realidade seja observada por uma fechadura.
EMICIDA

SER A MÃE DE UM MENINO me fez revisitar todos os meus afetos masculinos. As lembranças do meu pai e do meu marido, principalmente, ganharam contornos muito diferentes.

Todos os momentos decisórios do meu relacionamento também foram ressignificados, e pude olhar para meu companheiro de mais de uma década com muito mais empatia. Até aquele momento, eu me ressentia muito de como, por exemplo, nós dois decidimos engatar um relacionamento sério. Quando João e eu saíamos há mais ou menos três meses, ele me convidou para fazer uma viagem com seus irmãos. Eu havia encarado o convite como um chamado a um encontro mais íntimo entre nós — e isso me encheu de alegria.

O João que me recebeu durante aquela semana na praia, no entanto, me deixou consternada. Era um homem que eu nunca havia conhecido. Um homem ríspido que estava comigo numa arena de disputa de poderes. Que traçava territórios e impunha limites. Um homem que estava sempre a alguns metros de distância emocional, protegendo suas vulnerabilidades à espada.

Um silêncio cheio de inseguranças e incompreensões nos conduziu pela estrada de volta a São Paulo, onde vivíamos, aos 24 anos. Na semana seguinte, João desapareceu. Desapareceu como eu sabia que fizera com a ex-namorada antes de mim, e a outra antes dela. Desapareceu como o covarde emocional que o machismo o havia treinado a ser.

Eu também já havia lidado com aquela história uma porção de vezes. Homens que pareciam profundamente cativados por mim até, sem explicação alguma, refugiarem-se em casulos nos quais eu claramente não era bem-vinda. E eu, sem entender o porquê, era punida pela minha capacidade de entrega com uma sentença de silêncio e sumiço.

Eu não iria permitir que aquilo acontecesse de novo. A conexão que havia entre nós era real, era sólida, eu não estava louca. Mais: eu era emocionalmente sã, e, se amava aquele homem — e como eu amava! —, iria exigir dele a coragem de encarar nosso encontro ou admitir a própria covardia.

Convoquei João para um passeio numa praça e não permiti que me desse desculpas. Quando ele chegou, decretei:

— Deste banco saímos com uma decisão e você tem dois cenários possíveis: ou embarca comigo para essa coisa assustadora que é entregar-se a outro, ou admite que está com medo e me deixa ir. Porque eu mereço uma entrega completa e espero que você tenha consciência de que merece isso também.

Sou uma romântica realista. Acho que João ansiava por um amor tão profundo quanto o que eu venho lhe oferecendo nos últimos onze anos. Mas, sem uma atitude como aquela, talvez mulher nenhuma teria feito com que ele acordasse para essa percepção — e sou muito grata de que nenhuma das anteriores tenha percebido isso antes de mim. E, apesar de ser um homem excepcional em muitos aspectos, nesse sentido João era completamente ordinário.

A maioria das sociedades patriarcais cria os homens com uma série de liberdades desmesuradas exceto por uma liberdade central: a de sentir e trocar sentimentos. Porque essa é a única maneira de garantir a perpetuação de um sistema de opressão — é preciso garantir que os indivíduos imersos nesse sistema não sejam "individuais demais". Pois é no encontro profundo com o outro que o ser humano conhece a si mesmo. E é no encontro com a própria subjetividade que questiona o sistema de valores e normas no qual está imerso e rompe com ele.

O patriarcado e o capitalismo não precisam disso. Eles precisam de homens que reproduzam regras sem questionamento, que vão a guerras sem reclamar, que trabalhem até morrer, que usem de violência, se necessário, para manter as mulheres e os outros homens agindo conforme manda o sistema. Homens que entendam que fazem assim "porque homens são assim" e não se perguntem "mas e eu, quem sou?".

Em *O mito da masculinidade*, um livro escrito nos anos 1990 mas que permanece assustadoramente atual, o psicólogo Sócrates Nolasco minucia essa ideia: "Um homem não escolhe o que quer ser, isso já foi feito socialmente." Em outro trecho, complementa: "O fluxo e o refluxo emocional presentes no envolvimento, ao mesmo tempo que atualizam o sujeito diante da vida, transformam seu íntimo e problematizam ou reafirmam seu sistema de valores. Sentir nos possibilita pensar quem somos."

Quando João fugia da intensidade do que sentia, seguia a receita socialmente escrita para ele, uma receita de como "ser homem" e, assim, negar-se enquanto João. Ao ser um macho como tantos outros machos, que não poderia sentir, chorar, amar e olhar uma mulher nos olhos de igual para igual, João seria menos João, mas continuaria aceito no clube da masculinidade.

Não é cruel que sigamos criando assim nossos meninos? Não é medonho que concebamos uma estrutura social em que conferimos a um estrato da sociedade o poder à custa da própria individualidade? Que, para se sentirem socialmente aceitos enquanto homens, os meninos tenham que desempenhar papéis predeterminados que os afastam da verdade de quem realmente são ou tenham que pagar o tributo da exclusão e do ridículo?

Os homens que entrevistei enquanto escrevia este livro me mostraram que não estão necessariamente confortáveis nessa prisão identitária. Perguntei a todos eles se alguma vez já haviam se sentido impedidos de ser quem eram por conta das expectativas sociais sobre o que significa ser homem. A cada dez entrevistados, seis disseram que sim.

Também listei para eles uma série de características — algumas comumente associadas a homens, outras, a mulheres — e pedi que me dissessem em que medida eles se sentiam representados por cada uma delas em seu íntimo, quem são quando ninguém está olhando. Muitas surpresas surgiram. Por exemplo, mais homens se identificam perfeitamente com características como "sensível" e "amoroso" do que "forte" e "autossuficiente".

No entanto, quando perguntei se as pessoas que melhor os conheciam também os descreveriam da mesma forma, só 7,8% disseram que seus entes queridos acertariam em cheio. E mais de uma dezena de homens heterossexuais revelavam um desejo secreto e reprimido de dançar, se enfeitar mais, hidratar a pele e até usar maquiagem. O macho do século 21 vive com seu eu aprisionado numa caixa de atributos socialmente definidos — e não se sente confortável de externalizá-lo nem mesmo para os mais próximos.

Com homens pertencentes a minorias sociais, a definição de uma identidade se tornava ainda mais desafiadora. É o que relata Zig:

> Quando percebi que gostava mais de cantar do que de futebol, ainda na escola, foi o começo de uma percepção de que, talvez, eu não fosse tão parecido com os colegas que me cercavam. Começo esse que se desdobrou em muitas descobertas ao longo da adolescência, dentre elas, a de que eu era um homem negro em um meio embranquecido.

Muitos dos entrevistados falaram de "máscaras que são 'obrigados' a usar no dia a dia", "coisas que eu mascarava até para mim mesmo", e da impossibilidade de "demonstrar 100% quem sou". Um deles chegou a afirmar que "é mais fácil fingir do que ser". E mesmo aqueles que manifestavam plena consciência da pressão dos estereótipos de masculinidade reconheciam não saber como fugir deles:

> É provável que eu tente demonstrar algumas características por querer tê-las, como: líder/autoridade e autossuficiente. Seria uma forma de exercitar essas características em mim. Por outro lado, reconheço que não preciso ter essas características para me realizar. Mas a cobrança por tê-las é maior e supera essa minha consciência de que não preciso ser essa pessoa.

> Eu já fui tão podado e me moldei tanto a uma expectativa de masculinidade que me perdi na personagem. Já não sei mais dizer o que é uma característica minha, o que eu quero que seja uma característica e o que de fato me impede de tê-la.

Eles haviam sido ensinados a representar homens que não são por tanto tempo que, mesmo conscientes do problema e sabendo que ser mais reais os faria mais felizes, não conheciam o caminho. Não lhes haviam sido dadas ferramentas básicas de inteligência emocional. Mais: sua infância fora construída em torno de violência emocional e negação dos próprios sentimentos. "Engole o choro", "fala como homem", "se vira que nem macho", "bate a dor no peito". Como saber acolher quando se foi doutrinado em reprimir?

Eles narravam também um medo constante de desafiar esses padrões. As "punições" que tanto temiam sofrer por serem autênticos eram duas: serem considerados gays por seus pares e deixarem de ser desejados pelas mulheres por causa disso. Os desabafos de cada um deles revelavam que machismo e homofobia caminham muito entrelaçados na psique masculina para manter os homens "sob controle". São os dois pilares dessa mesma estrutura que começa, já na infância, a moldar meninos para se desconectarem do que sentem e abraçarem a violência, o trabalho e a ultrassexualidade compulsórios.

> O que eu sou nem sempre eu mostro justamente por ser tachado de homossexual. Mesmo eu não ligando, é desconfortável ter de explicar sempre e deixar de ter alguma chance com uma pessoa que me causa interesse por conta dessa minha forma que é considerada "afeminada".

> Quando era adolescente, teve um momento em que comecei a me questionar se eu era homossexual. Simplesmente porque não tinha os mesmos interesses que os outros guris da minha idade. Percebi que não era o caso, pois desde que consigo me lembrar sempre tive paixões por garotas. Mas acho que foi o primeiro momento em que percebi que há um padrão de como os homens devem se comportar, e que talvez eu não me encaixasse completamente nisso.

Esses depoimentos me lembraram de uma conversa que tive com meu marido, certa vez, em que ele me disse que os carcereiros de todo menino são os outros meninos. Que ele sempre sentiu, durante sua infância e adolescência, que havia uma patrulha da masculinidade pronta para atacar caso ele tivesse atitudes consideradas "pouco masculinas".

Mas onde esses meninos aprendem a se colocar como vigias de seus pares? De nós, adultos, que fazemos o mesmo com eles em casa, nas escolas, através da TV, do cinema, dos livros, da igreja, da imprensa. Como detalha Francisco:

> Os graus de pressão sofridos variam e há muita coerção que passa despercebida nas boas intenções de pais, mães e professores, mas os critérios de avaliação dos meninos são claros desde o início da vida. Acredito que muitos dos comportamentos antissociais e negativos associados aos papéis masculinos vêm dessa insegurança inerente e da necessidade constante de comprovação do status de "homem".

O aspecto mais destrutivo dessa vigilância coletiva é que ela convence os garotos de que, para serem amados e desejados, eles devem adotar determinados comportamentos que, na realidade, os impedem de viver experiências reais de amor e conexão. Alguns, como mostrou minha pesquisa, chegam à idade adulta plenamente convencidos de que não se dão bem com as mulheres porque não sabem "enganar o suficiente" ou não fazem o "tipo conquistador". Como se, quanto mais dissimulados eles fossem, mais chances tivessem de ser benquistos. E, quanto mais reais, menos apaixonantes. Na raiz dessa ideia de masculinidade mora, secretamente, um ódio a si mesmo que acaba por transbordar em ódio contra o outro — a mulher, o gay, o negro etc. — e violência.

É como lamentou José: "Isso prejudica a construção da autoestima porque impede a vivência das relações de afeto livres."

Um dos grandes mal-entendidos em torno da educação feminista é que criar crianças feministas inclui proibir meninos de fazer "coisas de meninos" e meninas de usufruir de "coisas de meninas". Entretanto, uma verdadeira criação feminista amorosa não é sobre proibições, mas sobre liberdade. É sobre permitir que meu filho, Jorge, continue brincando de espadas com gravetos, mas goste de ter seu cabelo comprido e chore quando necessário. É sobre deixar que Jorge siga sendo o ser humano irrepetível que é, sem fazer com que seu gigantismo tenha que ser apequenado para reprodução em série do que deveria ser um homem. É sobre celebrar a alma única e abundante de cada criança — com a essência espiritual (ou não) que o leitor quiser adicionar à palavra alma. É sobre não colocar sua humanidade em caixas.

O que fazemos ao criar crianças com base em estereótipos de gênero é uma violência contra sua individualidade. Entregamos a elas um pacote completo de características aprisionadoras nas quais devem se encaixar se quiserem se entender como homens ou mulheres e serem admiradas por nós.

No livro *Educação não violenta*, a psicanalista Elisama Santos afirma que rótulos são "profecias autorrealizáveis". Isso porque tudo que as crianças têm nesse começo de vida para pensar sobre si mesmas são as coisas que lhes contamos sobre quem são. Elas tomam os adjetivos que usamos para qualificá-las como verdades com as quais erguem os blocos de suas narrativas pessoais. Se nossos pais nos dizem que somos "agressivos porque somos meninos" desde muito pequenos, são boas as chances de que cresçamos convencidos de que o somos e nos mantenhamos agressivos depois da vida adulta.

O mesmo ocorre com os rótulos positivos, que podem ser igualmente aprisionadores. Veja meu caso: fui a "filha inteligente" que, no primeiro ano em que prestou vestibular, ficou com tanto medo de não ser tão esperta quanto os pais pensavam que deixou metade da prova em branco. Eu entrei na faculdade somente no ano seguinte, quando aceitei que era muito mais que inteligente: era também ansiosa, distraída, complexa. Não era a filha esperta, era a Nana, com todas as suas nuances.

Se um rótulo aprisiona, imaginem uma centena deles! São como fronteiras apertadas nas quais cada homem esbarra ao tentar ser com naturalidade. E tendem a colocar os homens, constantemente, em crises identitárias. O resultado é que eles se sentem ameaçados por qualquer transformação social que ocorra a seu redor e ameace essas certezas que formam a frágil estrutura de sua personalidade. Um homem que tem uma personalidade construída com base em rótulos genéricos débeis e pouco sabe lidar com emoções para além da raiva é uma combinação explosiva e perigosa — ainda mais em épocas de rápida evolução dos direitos das mulheres.

É impossível não pensar em meu pai enquanto escrevo sobre isso. Sinto que causo nele uma profunda confusão na maneira como organiza o mundo, já que tantas de minhas características não se encaixam no que ele chama de "natureza feminina". Como minha assertividade, minha força determinada (às vezes, quase autoritária). A forma como navego confortavelmente pelo mundo profissional, minha virilidade fazendo reformas e levantando pesos no crossfit, minha sexualidade bem resolvida e vivaz. Por outro lado, ele observa meu afeto maternal que transborda dos reinos de Jorge para acolher amigos e parentes com doçura. A sensibilidade que escreve meus livros por mim. Meu guarda-roupa suntuoso de cores, saias e vestidos, e a coleção de batons que me custou mais dinheiro do que tenho coragem de admitir. Como classificar essa filha tão complexa? Pior: como se explicar enquanto "homem" diante de tamanha confusão?

Certa vez, papai e eu tomávamos cerveja enquanto observávamos meu filho brincar e tivemos uma conversa que foi tão abundante que me resta até hoje. Eu falava sobre a responsabilidade de criar um ser humano, sobre o medo que tinha de ser culpada por seus defeitos. E papai respondia:

— Não, filha, seus filhos vão ser eles próprios. Olhe pra você: é tão diferente de mim!

E eu dei para ele o olhar mais embriagado de amor e cerveja de que sou capaz e disse:

— E, ao mesmo tempo, sou tão você. Nas doçuras e amarguras do que isso significa.

Seus olhinhos miúdos marejaram. Porque meu pai, também, é um homem que — apesar de todos os seus esforços pessoais em contrário — desafia as normas da masculinidade para ser uma pessoa infinita que se deixa em seus amores e sempre foi péssimo em esconder as lágrimas de mim.

**Uma verdadeira criação feminista amorosa não é sobre proibições, mas sobre liberdade.
É sobre celebrar a alma única e abundante de cada criança.
É sobre não colocar sua humanidade em caixas.**

Quem ganha com a masculinidade tóxica?

Um menino é educado nas precariedades de um cárcere para, quando crescer, se tornar seu próprio carcereiro.
SÓCRATES NOLASCO

UMA DAS EXPERIÊNCIAS mais deprimentes que tive enquanto mãe foi ir à loja de brinquedos comprar um presente para o aniversário de 2 anos do meu filho.

Percebi que todas as vezes em que eu pensava sobre o brincar, pensava sobre as meninas, sobre a imposição desigual das tarefas domésticas — jamais sobre os garotos. Mas, quando passei para o outro lado da loja, achei-a bem mais assustadora. Parecia que todos os brinquedos da prateleira queriam consumir meu filho: de violência, de trabalho, de velocidade. Era brincar de ser agressivo, de matar, de ganhar dinheiro, de poluir, de destruir. Quando muito de construir — afinal, o capitalismo precisa de reposição de mão de obra.

A loja de brinquedos era um grande ensaio de todos os males que a masculinidade tóxica preparava para o Jorge. Algumas estatísticas ficaram passeando na minha cabeça: 90% dos assassinos no mundo são homens — 81% das vítimas são homens também.[30] E a gente continua embrulhando armas e facas em papel colorido para crianças e chamando isso de presente.

30 United Nations Office on Drugs and Crime, *Global Study on Homicide: Homicide Trends, Patterns and Criminal Justice Response*, 2019. Disponível em: <www.unodc.org/documents/data-and-analysis/gsh/Booklet2.pdf>.

A esmagadora maioria dos líderes mundiais que nos levaram a mudanças climáticas irreversíveis e ao colapso de ecossistemas era de homens. Mais: a maioria das vítimas fatais de acidentes de carro no Brasil é do sexo masculino (82%).[31] E continuamos regalando carros, oficinas e fábricas para "fazer as crianças felizes".

Os homens são mais de 70% dos suicidas do Brasil[32] (o suicídio é a terceira maior causa de óbitos entre homens de 15 a 29 anos).[33] Porque trabalham demais, porque não sabem pedir ajuda, porque não sabem falar de sentimentos ou se relacionar amorosamente. E a gente não os presenteia com bonecas, com bichinhos para acariciar, com jogos que expliquem emoções; os ensinamos a trabalhar. Damos a eles ferramentas.

Depois, nos questionamos por que o mundo se tornou o que é. Porque a gente aprende a ser brincando! Em alguns casos, como o das ferramentas, o problema nem é dar aos meninos esses brinquedos, mas limitá-los a eles. As crianças assimilam o mundo através do brincar. Sem bonecas, acessórios domésticos e brinquedos afetivos, os meninos não conseguem elaborar uma centena de aspectos pessoais e têm uma formação capenga.

Fui, sem medo, ao setor das meninas e comprei para o Jorge um ursinho bom de abraçar. Se todos esses fantasmas o pegarem um dia — apesar dos meus esforços em contrário —, que ele não esqueça dessa preciosa habilidade.

Aqui, acho oportuno retornar com a pergunta: quem ganha com esse treinamento sistemático de crianças pequenas para viver uma masculinidade inclinada à violência, ao descolamento emocional,

31 Ministério da Saúde. Ver: <www.gov.br/saude/pt-br/assuntos/noticias/homens-sao-maiores-vitimas-de-acidentes-no-transito>.
32 Secretaria de Saúde do Distrito Federal. Ver: <www.saude.df.gov.br/segundo-oms-90-dos-casos-de-suicidio-poderiam-ser-evitados>.
33 "Brasil registra cerca de 11 mil suicídios por ano", O Globo. Disponível em: <oglobo.globo.com/sociedade/saude/brasil-registra-cerca-de-11-mil-suicidios-por-ano-1-21850474>.

ao prover, à responsabilidade e ao trabalho? A resposta é simples: os poderes por trás dos Estados e a mão nem tão invisível do mercado.

Basta observar que, por muito tempo, panelinhas e bonecas eram tudo com que meninas eram autorizadas a brincar. Naquela época, o mercado era nascente, não havia emprego para todos, e o desenvolvimento econômico dos países dependia de que mulheres ficassem em casa, executando um trabalho não remunerado e multiplicando a força de trabalho.

Gradualmente, nas últimas décadas, carrinhos e blocos de montar começaram a surgir nas prateleiras femininas. Em 1959, mulheres que entravam no mercado desde a Segunda Guerra puderam também presentear as filhas com brinquedos de "mulheres modernas" — nascia a Barbie. Em 1970, a Barbie ganha seu primeiro carro.[34] Coincidentemente, a indústria automobilística americana estava ameaçada na época[35] (o que só veio a se agravar com o aumento da produção japonesa de carros) e precisava ampliar seu mercado consumidor.

O brincar sempre esteve intimamente ligado à cultura e à organização social para a qual queremos criar nossas crianças. Os brinquedos não expressam somente uma diversão inocente, mas uma ética social. É de interesse do capitalismo que a personalidade nascente dos meninos se organize em torno de um ofício — com blocos de montar, carros ou ferramentas — para que eles considerem normal passar a maior parte de sua vida adulta trabalhando e pouco questionem os excessos dos patrões. Afinal, trabalhar e prover é o que "dignifica o homem".

E é de interesse dos Estados que os homens se alistem no Exército e vão à guerra passivamente, morrendo de forma bestial enquanto

34 "Barbie, mais de 40 anos de História", *Folha de S.Paulo*. Disponível em: <almanaque.folha.uol.com.br/barbie.htm#:~:text=Encomendada%20ao%20designer%20Jack%20Ryan,de%20sucesso%2C%20beleza%20e%20juventude>.
35 Ver: <www.britannica.com/technology/automotive-industry/Growth-in-Europe>.

matam outros homens de quem, em outro contexto, seriam provavelmente amigos.

Às vezes, esses princípios se transmitem através de um caldo cultural já tão arraigado que isso é feito de maneira inconsciente, como em tantos e tantos livros e filmes de heróis de guerra. Em outras ocasiões, são transmitidos por gênios do marketing contratados por governantes ambiciosos de poder no cenário mundial — vocês se lembram das grandiosas peças publicitárias de Hitler na Segunda Guerra Mundial? Ou do famoso cartaz do Tio Sam convocando jovens para a Primeira Guerra?

A verdade é que, apesar de gozarem de privilégios, os homens tiram menos vantagem da atual masculinidade do que o capitalismo ou a expansão dos Estados. Por isso, quando pensamos em combater o patriarcado, é preciso que tenhamos um olhar amplo, que observe as estruturas e não só os indivíduos. Naturalmente, indivíduos quase sempre têm o poder de questionar sua participação em estruturas de opressão, e isso não os inocenta — como não inocenta os soldados nazistas. Mas, sendo práticos, atacar as estruturas sociais, culturais e econômicas tende a render muito mais frutos de transformação do que insistir em atacar indivíduos, simplesmente porque a atuação se dá no nível macro e não no micro, reduzindo as frentes de esforço. E o argumento só ganha força quando consideramos as crianças, que nascem inocentes dessas dinâmicas de poder.

Essas identidades estão tão introjetadas nos homens que cerca de um terço dos meus entrevistados que respondeu à pergunta "O que é ser homem?" citou termos ou conceitos relacionados a prover, trabalhar, cuidar, proteger, ser responsável ou ser agressivo, competitivo, dominador, corajoso e forte.

"Parece que nunca é suficiente quem você é. A estrutura nos molda como robôs de trabalho, sem sentimento, em modo de sobrevivência e dominação. E agora estamos sendo confrontados com a informação de que esse comportamento não está mais dando certo e vai colapsar", desabafou Tom.

O desconforto com tais definições era latente para alguns deles, como Fábio, que disse:

> Ser homem é ser um ser humano reprimido que não pode se vestir, pensar, falar, agir da maneira que realmente sente. É sofrer por ser controlado pelas regras tácitas criadas pelo patriarcado e ainda correr o risco de ser visto como um machista, homofóbico. Mas, se não seguir essas regras, é excluído, tem dificuldade de entrar em círculos de amizade e problemas de autoestima. É se sentir pressionado para ser quem você não é e ainda dizerem que tenho sorte de ser homem.

Alguns se disseram emocionados com a pergunta e muitos não conseguiram respondê-la.

> Esta pesquisa me trouxe a reflexão de que nunca havia pensado sobre o que é ser homem. Que eu trazia esse conceito como algo posto, que não cabia explicações. Termino a entrevista ainda pensando no que responderia.

> Eu nunca parei pra pensar o que me faz homem, muito provavelmente vou levar isso para a terapia.

> Você falou ali sobre com quantas pessoas eu me sinto à vontade para chorar. Pois bem: tô quase chorando com esse formulário.

Ora, definir a própria personalidade em torno do trabalho não é tão negativo quanto, por exemplo, delinear a personalidade com contornos de agressividade, não? No fim das contas, os provedores são, em geral, pessoas responsáveis e socialmente produtivas.

O problema é que estruturar uma existência em torno de um ofício é ter um alicerce muito frágil para sua sanidade mental. Não são incomuns os casos de homens que não se sentem confortáveis em ganhar menos que as parceiras, por exemplo, nem dos que se tornam violentos com elas quando isso acontece. E também não são raros aqueles que recorrem ao alcoolismo ou entram em processos depressivos quando o desemprego coloca sua identidade em cheque. Este foi o caso de André.

> Após o fim de um casamento lindo de doze anos, eu me vi sozinho, sem preparo emocional, sem teto, e meu trabalho autônomo ia ladeira abaixo. Com dívidas e muitas dúvidas. Fiquei sabendo que minha ex-sogra havia dito que era "muito feio um homem sem dinheiro". Pela primeira vez, pensei em tirar minha vida.

A pergunta inevitável: será que deveríamos ter um conceito sobre o que significa ser homem? Num mundo ideal, eu diria que não. Mas então me lembro daquela comunidade na Namíbia que não enxerga a cor azul porque ela simplesmente nunca foi nomeada — é considerada mais um tom de verde.[36]

Quando algo é nomeado, ele passa a existir. É muito difícil desinventar palavras e conceitos. As coisas que são batizadas tendem a continuar existindo na mente das pessoas. A humanidade criou as categorias homem e mulher e atribuiu características a elas. A palavra "homem" significa muito mais do que a palavra "macho" da espécie — é um produto cultural. A questão aqui talvez deves-

36 "Por que civilizações antigas não reconheciam a cor azul?", BBC Brasil. Disponível em: <www.bbc.com/portuguese/noticias/2016/02/160221_civilizacoes_antigas_cor_azul_rb>.

se ser: qual o caldo cultural em que desejamos que o conceito de homem seja cozinhado?

O avanço das discussões de gênero nos propicia uma oportunidade deliciosa de reinventar as masculinidades com liberdade, escutando e respeitando os indivíduos que se colocam em nosso caminho e nos pautando pelo bem comum. É como diz JJ Bola no livro *Seja homem: a masculinidade desmascarada*: "A masculinidade não é o patriarcado. [...] Precisamos imaginar e manifestar uma masculinidade que não dependa do patriarcado para existir."

Foi pensando nisso que, quando Jorge, então com um ano, agarrou uma bonequinha nos corredores de uma loja popular e decretou que era dele, não hesitei em comprá-la. O que eu interpretei disso? Que meu filho deve se sentir muito amado pelo pai. Porque ele percebe que a figura masculina mais importante da vida dele gosta de bebês e gosta de cuidar. Ele arremeda João quando a beija, abraça e bota pra dormir.

E não presumi nada mais. Do mesmo jeito que não presumi coisas sobre ele quando gostou de carrinhos e ferramentas de jardim ou quando passou por uma fase em que vassouras eram a coisa mais incrível do mundo.

Eu nunca me senti uma "menina normal" porque gostava de empinar pipa e jogar truco. Será que alguém se sente uma menina ou um menino normal sendo livre pra gostar e desgostar do que gosta ou desgosta?

Jorge e sua boneca me ensinam coisas todos os dias. Mas a coisa mais linda foi quando a avó pediu que ele desse um nome a ela e ele escolheu "Nana". Aquele bebê, de alguma forma, era o jeito dele de retribuir os cuidados que dávamos a ele. João e eu num mesmo brincar amoroso. E tem gente que acha que meu filho não devia ter acesso a isso...

Abuso sexual entre... crianças?!

Quando a educação não é libertadora, o sonho do oprimido é ser o opressor.
PAULO FREIRE

Quando comecei a estudar as questões de gênero, eu acreditava que a violência era o resultado da socialização dos meninos. Mas depois de ouvir de perto os homens e suas famílias, entendi que a violência é a socialização de meninos.
TERRENCE REAL

EU NÃO TINHA MENOS de 4 nem mais de 7 anos, disso sei. Era já daquelas idades em que as pessoas costumam ter memória — e a minha, infelizmente, é bastante vívida. Lembro cada cor e cada cheiro do dia em que fui abusada sexualmente.

Foi escondido das vistas dos outros, mas dentro do meu ambiente familiar. Houve violência física, manipulação e ameaça. Houve um "não" bem claro da minha parte — e choro. Houve aquele ranço de vergonha que a gente confunde com culpa. Embaralhei tanto os dois sentimentos que a primeira vez que fui falar do ocorrido foi num confessionário, anos depois, como se o pecado fosse meu.

— Reze um pai-nosso e cinco ave-marias. Vá, não peque mais e cuidado para não se botar nessa situação de ser violentada de novo! Porque ser vítima é um pecado danado para uma menina que se fez tentação para um homenzinho.

Não foram essas, exatamente, as palavras do padre — mas bem podiam ter sido.

Por anos, tive rancor daquele sacerdote. Como tive do primeiro namorado a quem confidenciei a dor, que me disse que "aquilo não era bem um abuso sexual, não é mesmo?". Hoje, absolvo os dois. Pois poucas almas — santas ou errantes — sabem lidar com a complexidade do meu caso.

É que eu fui violentada por outra criança.

Demorou anos até que eu me permitisse usar a palavra vítima para me referir a mim mesma. Meninos de 8 ou 9 anos não têm consciência das coisas — mal sabem o que é sexo! — e são inimputáveis perante a lei. Logo, não podem ser criminosos. Por outro lado, todos os ingredientes de um trauma sexual estavam lá: minha incapacidade de ter uma vida sexual normal, uma vaginite severa que me acompanhou por meia década, pesadelos corriqueiros, crises de choro e medo. Logo, eu era uma vítima.

Mas como podia conciliar racionalmente a existência de uma vítima sem um agressor consciente?

Eu já era mãe quando descobri que o que aconteceu comigo tem até nome científico e é, infelizmente, muito mais comum do que se pensa. Chama-se abuso sexual entre menores, ou *child on child sexual abuse*. Segundo o Instituto Stop It Now!, dedicado à prevenção do abuso sexual infantil, mais de um terço das crianças violentadas são vítimas de outros menores.[37] Um estudo da Escola de Medicina da Universidade de Miami[38] revelou que crianças abusadas por outros menores ou por adultos têm, em média, o mesmo nível de dano emocional e psicológico.

37 Ver: <www.stopitnow.org/sites/default/files/documents/files/do_children_sexually_abuse_other_children_0.pdf>.

38 Disponível em: <www.sciencedirect.com/science/article/abs/pii/S014521340000212X?via%3Dihub#!>.

Como no meu caso, a maioria das vítimas passa pelo abuso coagida por violência física, ameaça ou manipulação psicológica. Mas existem cenários também em que a criança mais ingênua embarca na experiência espontaneamente pois não compreende do que se trata o ato — principalmente quando são bem pequenininhas.

Normalmente, meninos adotam esses comportamentos agressivos entre 12 e 14 anos,[39] quando a puberdade aflora sem orientação ou com orientação equivocada. Mas há relatos de crianças que tiveram comportamentos sexuais agressivos contra outras crianças a partir dos 4 anos — mesmo sem entender que o que estavam fazendo era errado.

Acho importante ressaltar aqui do que *não* estou falando. Isso é muito diferente da exploração e curiosidade sexual natural das crianças que querem ver as partes íntimas umas das outras ou "brincar de médico". Trata-se de um ato libidinoso coercitivo voltado diretamente à obtenção de satisfação sexual e, normalmente, cercado de engano, violência ou uma diferença significativa de maturidade, força ou idade.

Certo. Mas se uma criança não tem sua sexualidade plenamente desenvolvida, como ela pode abusar de outra? O que as pessoas que estudam o assunto descobriram é que a maioria dos menores que cometem atos sexuais danosos são, eles mesmos, vítimas de um adulto ou de uma outra criança abusada por um adulto.[40] Quando essas vítimas se tornam abusadoras, elas atacam, em média, outras duas crianças.[41] Isso também ocorre quando os pais expõem as crianças prematuramente à pornografia (principalmente a

---

39 Project Defend Innocence, "5 Facts about Child on Child Sexual Abuse". Disponível em: <defendinnocence.org/child-sexual-abuse-risk-reduction/sexual-development-at-all-ages/concerning-behavior/5-facts-child-child-sexual-abuse>.
40 O estudo traz dados bastante interessantes neste sentido. Ver: <www.sciencedirect.com/science/article/abs/pii/S014521340000212X?via%3Dihub>.
41 Disponível em: <www.sciencedirect.com/science/article/abs/pii/S0145213499000277?via%3Dihub#!>.

violenta — que é, hoje, a maioria), videogames com cenas de sexo explícito, ou praticam atos sexuais na frente delas. E aí está o cerne da questão: alguns estudos apontam que a idade média de exposição de um menino à pornografia é 11 anos.[42] Isso significa que alguns meninos são expostos mais tarde, mas também que uma grande quantidade deles consome pornografia bem antes disso, às vezes aos 5 anos.

Essa pesquisa dolorosa me ajudou, finalmente, a me aceitar enquanto vítima para, depois, poder me reconstituir enquanto sobrevivente. E curou muitas feridas numa jornada curiosa que começou com um profundo sentimento de compaixão pelo meu "abusador". Porque ele, àquela altura, era nada mais que uma vítima também.

Eu não sei e talvez nunca saiba se ele foi estuprado por algum adulto, mas sei que homens de sua família viam, precocemente, pornografia na frente dele.

Ele aprendeu que a sexualidade masculina era, primordialmente, impositiva e violenta — perseguir o gozo a todo custo era mais importante que partilhar a satisfação de desejos. Tornou-se adolescente, e sei que fez vítimas depois de crescido. Porque ninguém o resgatou, o menino se tornou um jovem abusador.

Imagino que essa seja uma história comum a milhares de homens. Eles começam a praticar atos sexualmente agressivos sem compreender bem o que estão fazendo. Em algum momento, já mais velhos, se dão conta de que o que fizeram era errado. Talvez se convençam — ou sejam convencidos — de que só seguiam uma violência e uma sexualidade exacerbada natural aos homens. Mas a verdade é que eles foram treinados

42 Parlamento Australiano, "Age Verification for Online Pornography". Disponível em: <www.aph.gov.au/Parliamentary_Business/Committees/House/Social_Policy_and_Legal_Affairs/Onlineageverification/Report/section?id=committees%2freportrep%2f024436%2f72615#footnote8target>.

para se tornarem abusadores por uma sociedade que temia profundamente que se tornassem gays. Para evitar a maldição da homofobia, muitos pais e mães estão dispostos aos mais diversos tipos de violência.

A exposição precoce à pornografia, à prostituição e, por vezes, ao abuso é normalmente a maneira que muitas famílias encontram para colocar seus meninos "no caminho normal de macho". Quanto mais cedo essa iniciação for feita, menos chances há desse menino "se desviar". Foi a nossa homofobia que esculpiu tantos abusadores. É por isso que, no Brasil, a cada onze minutos é estuprada uma mulher — a cada vinte, uma menina.[43]

Não é porque os homens são naturalmente maus, sexuais, violentos ou incontroláveis. É porque somos homofóbicos e iniciamos nossos meninos na vida sexual antes que tenham maturidade para tal. Nas rodas de conversas mistas de homens e mulheres que mediei ou das quais participei, o tema da iniciação sexual violenta dos meninos é recorrente. E nas entrevistas que fiz com os homens que se voluntariaram a participar de meu estudo, também. Como a dolorosa experiência de Olavo:

> Na minha família, era tradição que todos os homens fossem levados a uma casa de prostituição ao chegarem à adolescência para perder a virgindade com garotas de programa. Não era o que eu queria, mas por conta da pressão e da "tradição" (sou o primo mais novo entre muitos e todos já tinham passado por isso) acabei cedendo. Durante todo o processo, me senti humilhado e fisicamente mal. Não consegui performar e esse encontro afetou minha autoestima sexual durante anos, atrasando meu desenvolvimento e causando uma série de cicatrizes emocionais que ainda trabalho para superar.

43 Dados do Fórum Brasileiro de Segurança Pública referentes a 2016 e 2018.

O que também me surpreendia nessas conversas é que um número muito grande de homens adultos dizia ter sido estuprado na infância — por outros homens e por mulheres — e jurava nunca antes ter contado isso a ninguém. Um deles me confidenciou que, abusado por uma babá, ouviu dos amigos que deveria "ter sido macho e dado graças a Deus em vez de reclamar". Isso me fez suspeitar que, talvez, os casos de meninos vítimas de pedofilia sejam ainda mais subnotificados do que os de meninas, já que existe uma cultura perversa de que o sexo, mesmo que violento, deve ser celebrado pelos homens "de verdade". Conversando com Eva Dengler, gerente de programas da Childhood Brasil, ONG dedicada ao combate do abuso infantil, descobri que existem mais evidências de que esse seja o caso. "As ocorrências de meninos violentados vêm crescendo em anos recentes. Uma hipótese é que, com a redução do machismo na sociedade, esses garotos menos reprimidos tenham mais coragem de pedir ajuda", ela explicou.

Uma criança iniciada sexualmente através de violência e ensinada que deveria celebrá-la (!) vai, certamente, desenvolver uma bússola moral bastante distorcida para seus relacionamentos. Mas a hipersexualização precoce — mesmo sem a presença de violência — é também danosa. Isso porque a iniciação sexual de qualquer ser humano só deveria ocorrer depois de ele passar por uma iniciação na ética sexual: ou seja, de ser capaz de entender as complexidades do consentimento, do prazer e os limites do corpo alheio.

É preciso falar de sexualidade com as crianças desde muito cedo — meninos e meninas serão, inevitavelmente, sexualizados antes da hora pelas escolas, pela TV e pelos colegas —, mas modelar a discussão ao seu nível de maturidade.

Uma lição muito importante, por exemplo, está nas cócegas. Cócegas são coisas divertidas e gostosas — desde que todo mundo respeite os limites do outro. Aproveito brincadeiras de cócegas para ensinar ao Jorge que mesmo coisas boas podem ferir os demais se não estamos atentos aos sinais que eles nos dão.

Outra prática importante para inserir na rotina da família é respeitar os limites da sua criança e ensiná-la que é tudo bem dizer "não". Forçar beijos, mesmo quando as crianças nos mostram que não estão a fim, não é aceitável. O que estamos ensinando a nossos filhos? Que desrespeitar os limites do outro sobre o próprio corpo é perdoável desde que sua intenção seja boa. Não é à toa que grande parte dos estupros é o que a gente chama de "estupro cinzento", quando o agressor não tem muita consciência de — ou acha desculpas para não aceitar — que está cometendo um abuso. "Ah, mas ela não está tão bêbada assim", ou "ela está meio adormecida, mas já estava consentindo antes de cair no sono", ou ainda "mas eu a amo e minha intenção é boa, então tudo bem". Nada ensina mais que o exemplo.

Ninguém neste mundo nasce estuprador. A maioria dos nossos meninos vai crescer com uma sexualidade saudável se for acompanhada por diálogo aberto, bons exemplos, orientações claras e um respeito radical à sua maturidade sexual. Contudo, precisamos ficar alertas para alguns sinais indicativos de que interferências externas podem estar guiando os garotos que amamos para fora do caminho que traçamos para eles. A boa notícia é que estudos indicam que há grandes chances dessa criança nunca mais reproduzir o comportamento abusivo se a intervenção familiar e profissional começar o quanto antes.

Reproduzo abaixo um guia muito esclarecedor do Instituto Stop It Now! que pode servir para impedir que a triste história vivida por mim se repita.

O que é apropriado ou esperado para cada idade em termos de desenvolvimento do comportamento sexual?

Enquanto aprendem sobre seus corpos e sua sexualidade, as crianças podem se comportar de maneiras que parecem fora de sincronia com sua idade ou estágio de desenvolvimento. Vários fatores — como, por exemplo, ter um irmão mais velho — podem aumentar o conhecimento de uma criança sobre atitudes e comportamentos de uma faixa etária mais velha.

Normalmente, o comportamento inadequado pode ser redirecionado com uma simples conversa instrutiva. Só é particularmente preocupante quando uma criança parece incapaz de controlar o comportamento sexual depois de ser solicitada a parar.

Pré-escolar (0 a 5 anos)

COMUM: linguagem sexual relacionada a diferentes partes do corpo, conversas sobre idas ao banheiro, gravidez e de onde vêm os bebês. Autoestimulação em casa e em público. Curiosidade em mostrar e olhar as partes privadas do corpo.

INCOMUM: Discussão de atos sexuais ou linguagem sexual explícita. Contato sexual adulto com outras crianças.

Crianças em idade escolar (6 a 12 anos)

Pode incluir pré-púberes e crianças que já entraram na puberdade, quando mudanças hormonais podem provocar um aumento da consciência e interesse sexuais.

> **→ Crianças pré-púberes:**
>
> COMUM: Perguntas sobre relacionamentos e comportamento sexual, menstruação e gravidez. Experimentação com crianças de idade similar, muitas vezes durante jogos, como beijos, toques, exibicionismo e interpretação de papéis. Autoestimulação privada.
>
> INCOMUM: Interações sexuais adultas com outras crianças. Discussão de atos sexuais específicos ou linguagem sexual explícita. Autoestimulação em público.

→ Após o início da puberdade:
COMUM: Aumento da curiosidade sobre materiais e informações sexuais, perguntas sobre relacionamentos e comportamento sexual, usando palavras sexuais e discutindo atos sexuais, particularmente com colegas. Maior experimentação, incluindo beijar de língua, amassos e carícias com pré-adolescentes de faixa etária semelhante. Masturbação em privado.
INCOMUM: Comportamento sexual adulto consistente, incluindo contato oral/genital e relação sexual. Masturbação em público.

Adolescência (13 a 16 anos)
COMUM: Perguntas sobre consentimento, relações sociais e normas sexuais. Masturbação em privado. Ter experimentações com adolescentes da mesma idade, inclusive beijos de língua, amassos, carícias e contato oral/genital. Além disso, comportamentos voyeurísticos são comuns. Relações sexuais ocorrem, aproximadamente, para um terço deste grupo etário.
INCOMUM: Masturbação em público e interesse sexual direcionado a crianças muito mais novas.

* A tabela mostra alguns exemplos de comportamentos sexuais comuns que podemos esperar ver em nossas crianças à medida que passam por diferentes estágios de desenvolvimento, da pré-escola à adolescência.

Lembre-se de que cada criança se desenvolve em seu próprio ritmo. Nem toda criança vai mostrar todos esses comportamentos nas mesmas fases, ou sequer manifestá-los.

A tabela também descreve os tipos de comportamentos que são menos comuns em um determinado estágio de desenvolvimento, e que podem acender um alerta. Se você se sentir desconfortável ou tiver alguma dúvida ou preocupação sobre uma criança que conhece, fale com alguém em quem confie, como um amigo, um membro da família, seu médico, um psicólogo ou conselheiro.

Sexo como máscara do vazio afetivo

Tudo no mundo tem a ver com sexo, exceto o sexo. O sexo tem a ver com poder.
OSCAR WILDE

A sexualidade nunca foi subjugada mais rigorosamente do que na era dos hipócritas.
MICHEL FOUCAULT

ATÉ O SÉCULO 17, no mundo ocidental, o sexo era uma prática muito mais livre do corpo. Não havia tantas regras sobre como poderia ser praticado e com quem. Em seu trabalho sobre a história da sexualidade, Michel Foucault afirma que as limitações do prazer surgiram com uma finalidade bem específica: aumentar a eficiência de um sistema de produção que começava a se delinear. "Se o sexo é tão rigorosamente reprimido, é porque ele é incompatível com um imperativo de trabalho geral e intenso."[44] É um discurso que evolui conforme avança a revolução industrial (aproximadamente entre 1760 e 1840).

A evolução da moral sexual nesse período é muito reveladora. É interessante para o novo sistema que as mulheres permaneçam em casa, nutrindo e criando a nova força de trabalho — e educando-a conforme um código de conduta bem controlado

44 Michel Foucault, *História da sexualidade*, v. 1. Rio de Janeiro: Paz e Terra, 2020.

—, enquanto aos homens sejam dadas algumas concessões. Nós, mulheres, precisamos estar convencidas da ética dessa sociedade para passá-la adiante, precisamos ensiná-la, inclusive, através do exemplo, somos suas reprodutoras morais. Para eles, são criados locais de tolerância, como os bordéis. Os homens repõem a força de trabalho necessária para cargos de prestígio, com seus filhos legítimos, e para subempregos, com seus bastardos.

A pergunta-chave aqui é: por que a humanidade aceitaria passivamente o confinamento de sua sexualidade senão porque encontrava nisso algum tipo de vantagem? E a vantagem, diz Foucault, foi encontrar no proibido do sexo uma maneira fácil de rebelar-se contra os novos poderes que a oprimiam.

> Se o sexo é reprimido, isto é, condenado à proibição, à não existência e ao silêncio, o mero fato de falar sobre sexo tem a aparência de deliberada transgressão. Uma pessoa que toma posse dessa linguagem se coloca, em certa medida, fora do alcance do poder.[45]

Os homens estão, então, massacrados por uma jornada de trabalho extensa. Não têm espaço emocional para extravasar o medo de perderem o emprego — por risco de perderem, com ele, sua própria identidade e verem sua família morrer de fome. No escape sexual, encontram uma eventual catarse. Se estão com raiva, podem descontá-la em prostitutas, que são, afinal,"menos humanas". Se estão ressentidos dos patrões, negam sua moralidade e declaram-se livres em algum reino de sua existência. E, assim, encontram forças para continuar servindo ao sistema.

A violência e o sexo são vazão para a opressão da masculinidade tóxica.

45 Ibid.

A necessidade de transgressão, porém, escala conforme o homem faz uso do "proibido". O próprio conceito de proibido ganha fronteiras mais e mais extensas. O sexo não basta mais, é preciso o fetiche. Na periferia da sexualidade oficialmente permitida começa a existir, também, uma glamourização da violência sexual.

Não é à toa que, no auge da era capitalista, vemos o desenvolvimento de um pornô agressivo e que, por tantas vezes, imita o estupro. A indústria do pornô se alimenta do tabu sexual. O mesmo acontece com a cultura do estupro — que não quer dizer que todos os homens sejam estupradores, mas que a sociedade em geral é cúmplice por criar uma atmosfera em que o estupro é naturalizado e até justificado.

A saída para esse impasse é desfazer a premissa sobre a fonte do prazer. O tabu sexual centrou o prazer máximo na transgressão de regras sociais. Precisamos convencer os homens de que o verdadeiro deleite, porém, não está aí, mas na troca de prazeres. Fazer do sexo uma experiência de dois indivíduos cujos corpos se conectam é o caminho para a libertação da sexualidade masculina (e feminina heterossexual, em consequência). É um caminho em que não existem objetos sexuais, mas indivíduos sexuais com vontades a serem respeitadas e satisfeitas. E não falo aqui só do sexo-amor — falo do sexo troca, mesmo que casual.

Quebrar o tabu sobre o sexo, nesse sentido, seria um exercício de combate à violência sexual, substituindo a busca da transgressão por um prazer que se acentua quando se percebe como o corpo não só é capaz de ter prazer, mas de dar prazer. E deliciar-se nessa potência dupla.

Nas rodas mistas de homens e mulheres de que participei ou que mediei, é latente a necessidade de acessar esses assuntos interditos. O sexo é o tema mais comum trazido espontaneamente. Os homens de diversas faixas etárias que frequentam esses espaços seguros mostram uma carência desesperada em debater a própria sexualidade e como ela, de forma opressora, parece descrever suas identidades. Eles querem se libertar disso, querem ser reconhecidos para além de como, com quem ou com que frequência ou vigor praticam o sexo.

Disfunção erétil e ejaculação precoce são, comumente, relatados como fruto de uma pressão por potência com a qual eles não sabem lidar. E seu desejo anda tão regulado e confinado que cada deslize de pensamento é entendido como uma condenação máxima ao mundo da homossexualidade e, com isso, a sofrer as consequências da homofobia. É impressionante como homens heterossexuais têm medo da simples admissão de que outro homem é belo. Não me surpreende que no Japão, por exemplo, os rostos e as genitais dos atores pornôs sejam borrados — não queremos que eles também poluam o imaginário sexual dos meninos. Vale lembrar que isso ocorre num país que até comercializa legalmente brinquedos sexuais e produtos culturais de fantasias sexuais com crianças. O moralismo japonês tolera até o desejo do pedófilo, mas não dá trégua ao desejo homoerótico.

Está estampado no rosto o alívio de alguns dos participantes quando um homem heterossexual corajoso admite que já sentiu, uma vez ou duas, desejo por outro homem — uma admissão que é perfeitamente natural entre muitas mulheres heterossexuais. Pois a nós é permitido entender que a sexualidade é um espectro no qual, eventualmente, viajam cores distintas. Aos homens só é permitido desejar em preto e branco. Hétero ou gay. Uma camisa de força bastante limitadora e que, inevitavelmente, trará inseguranças e confusões, já que nós, seres humanos, também passeamos pela androginia. A expressão da beleza e das identidades viaja por uma escala de muitas medidas em que masculino e feminino são apenas extremos. Entre o macho alfa e a mulher "ultrafeminina" moram as mulheres "tomboy", as travestis, os e as transexuais, os homens afeminados, as pessoas não binárias e uma infinidade de almas a serem amadas e corpos a serem desejados.

É também muito claro como a falta de inteligência emocional acentua esse sofrimento masculino. Como são criados para reprimir cada expressão de afeto menos uma, o sexo, os homens comumente confundem seus amores não românticos com desejos sexuais. Depois que comecei a mediar essas rodas de conversa, acolhimento e aprendizado coletivo, ficou muito claro para mim por que tantos de meus melhores amigos homens disseram-se apaixonados por mim, mesmo que fosse claro para mim que nossa linda e profunda relação não tivesse uma gota sequer de potência sexual.

Mas para homens moldados na fôrma da masculinidade tóxica, a única maneira de expressar afetos é através do sexo. Não se pode chorar, declarar amor de forma sensível demais. Mas transar pode. DEVE. É no encontro sexual que os homens descobrem sua única vulnerabilidade permitida. A busca desesperada por sexo a todo custo é, também, uma busca para mascarar o vazio afetivo angustiante em que eles se encontram.

Esses meus amigos ansiavam por meu carinho, me amavam e eram amados de volta. Porém, se não havia afeto possível fora do sexo, nossa relação *precisava* envolver sexo. Era a única explicação que estava disponível para eles.

Oscar, um dos participantes de minha pesquisa, segredou o incômodo: "Sempre tive, majoritariamente, mulheres como amigas íntimas. Mas sempre era cobrado que me relacionasse com elas de maneira amorosa-sexual."

Isso explica por que tantos homens acabam se casando com suas melhores amigas e, em muito pouco tempo dentro da relação, descobrem não ter muito interesse sexual por elas. Além de condenar ambos à infelicidade de um relacionamento em que falta um pilar, essa prática reforça o binômio santas e putas, já que a esposa é "para casar", mas não serve "para trepar".

É curioso como a repressão e a sexualidade compulsória convivem na maneira como criamos nossos meninos. Homens têm que manifestar uma sexualidade extrema — mas muito bem aprisionada dentro de certas fronteiras. E essas fronteiras são, normalmente, decretadas com o uso de violência física ou emocional. Os que se negam a se enquadrar se tornam párias sociais, como Manuel:

> Na adolescência, eu não era pegador. Esperava um encontro romântico como os das novelas a que sempre assistia. Andava com as garotas para saber o que elas pensavam. Era mais inteligente que os garotos do bairro e chorava com mais frequência. Resultado: nunca fui a uma festa antes dos meus 18 anos, pois nunca fui convidado. Os garotos me chamavam de veado, pois não bebia e não queria pegar ninguém sem objetivo. As meninas me chamavam de veado porque não queria ficar com alguém sem objetivo. Meu pai me chamava de veado porque não saía de casa e não tinha amigos. Minha mãe insistia — forçava, às vezes — que eu saísse para uma festa para conhecer garotas, uma maneira de me obrigar a não ser veado. Fui socialmente excluído até ter uma namorada.

Sob o disfarce de um desejo sexual insaciável, na verdade, mora, em muitos homens, uma fome insatisfeita de troca, de amor e de aceitação.

Entre meus entrevistados, por exemplo, 66% gostariam de fazer sexo, no máximo, duas vezes por semana. A maioria, 45%, gostaria de transar uma ou duas vezes por semana — ao contrário do mito do homem que praticaria sexo todos os dias se possível. Ressalto que mais da metade dos meus entrevistados tinha menos do que

35 anos e vivia o ápice biológico de sua sexualidade.[46]

Só 20% deles disseram nunca ter tido dificuldades de performance sexual, como ejaculação precoce ou disfunção erétil. Quando perguntei se sabiam o motivo das "falhas", muitos responderam que se deviam ao consumo excessivo de pornografia, álcool, nervosismo ou ao fato de, simplesmente, não estarem com vontade de transar naquele momento, mas não se sentirem livres para dizer não. O sexo, para o homem, é sempre compulsório. E isso, por si só, já é uma violência sexual.

Outro motivo inesperado foi a insegurança estética. Sempre imaginei que somente mulheres tivessem esses problemas de autoimagem acentuados, por serem tão expostas à moda e à publicidade, que prega um padrão de beleza irreal. Mas não. Entre homens que faziam parte de minorias, aliás, a insegurança era ainda mais severa, como contam Rafael, Eduardo e Adam.

> Existe uma cultura de estética corporal bem-definida com músculos e aparência de academia na qual não me enquadro muito. A baixa autoestima prejudica outras partes da minha vida e isso incomoda bastante. Não se sentir bem com o próprio corpo pode trazer dores que impedem que oportunidades sejam vividas e desenvolvidas de forma natural. Ninguém deveria se sentir feio ou desinteressante. Sei que tenho traumas por ser uma pessoa negra, ter crescido com pouca representatividade e viver numa sociedade machista que coloca o homem gay como sendo inferior a todo momento. Estou aprendendo, aos 31, como reconhecer minha beleza para mim, algo que deveria e poderia ser um processo muito natural e tranquilo, se nossa cultura fosse menos machista, racista e homofóbica.

46 Detalhes da minha amostragem estão nas notas finais do livro.

> Eu sou cego, e uma parcela muito grande da sociedade não me percebe como uma pessoa completa. Não sou visto sequer como um possível parceiro sexual.
> Sendo negro e "bem dotado", eu me via como uma máquina de sexo, entretanto agora percebo que nem ligo tanto assim para sexo...

O consumo de drogas e álcool também apareceu intimamente entrelaçado à vida sexual de homens jovens, como uma maneira de contornar o nervosismo causado pela obrigação de uma superperformance ou para camuflar a própria falta de desejo.

A receita é desastrosa: iniciação sexual precoce e violenta; uma educação sexual cheia de tabus discursivos que acaba precariamente substituída por filmes pornôs agressivos; a ideia de que os homens têm algum direito intrínseco ao sexo; a convicção de que o imperativo e a violência sexual fazem parte da "natureza masculina"; repressão das emoções e da capacidade de sentir empatia; desumanização da mulher como "outro". Assim construímos uma cultura do estupro.

Precisamos criar, para nossos meninos, uma sexualidade que liberta, em vez de aprisionar. Uma sexualidade que conecta, em vez de usar. Uma sexualidade que acolhe as complexidades humanas, em vez de reprimi-las. E isso acontecerá aliando o ensino de inteligência emocional a uma educação sexual sem discursos tabus e adequada para cada nível de maturidade de crianças e adolescentes. Uma educação cujo currículo tem que, obrigatoriamente, incluir lições sobre o consentimento e suas nuances. Só assim vamos escrever um capítulo do qual nos orgulhamos na história da sexualidade humana.

O sexo, para o homem, é sempre compulsório. E isso, por si só, já é uma violência sexual.

O tirano e o patriarca bondoso

Os garotos aprendem cedo que a autoridade da mãe é limitada, que seu poder vem, exclusivamente, de ser uma educadora do patriarcado.
BELL HOOKS

QUANDO ME OLHO NO ESPELHO, meu pai grita no meu rosto. Não só nos olhos miúdos e nas maçãs do rosto acentuadas. Ele grita de dentro, na estrutura de quem sou. Minha personalidade se alimenta da do meu pai quase como aquele equilíbrio democrático 50-50 da genética.

Os seres humanos que eu e meus irmãos nos tornamos se alimentaram do amor do meu pai. Um amor que foi uma escolha ativa e constantemente renovada por ele. A cada dia, ele optava por estar presente como optava a minha mãe. E, por isso, a conexão que estabeleceu conosco é íntima. Por isso, deixou sua marca em quem somos.

Não houve nenhum mandamento da natureza que me fizesse mais conectada à minha mãe do que ao meu pai ou vice-versa. A qualidade de nosso relacionamento é diretamente proporcional à qualidade do tempo e do carinho investidos por cada um na nossa relação.

A muitos na sociedade moderna parece conveniente afirmar um instinto materno que deveria ser ingrediente obrigatório de "mulheres normais". Mas, já que estamos no mundo dos argumentos biológicos, por que não falamos do instinto paterno, tão importante quanto? Por que não lembramos que a própria evolução replicou o amor romântico porque a presença paterna beneficiava a prole em mais de uma maneira?[47]

A verdade, porém, é que nossa cultura mais uma vez se sobrepôs à natureza para construir a imagem de um pai invulnerável e que provê à distância, à imagem do Deus monoteísta que reina em nossas sociedades, e moldado à perfeição para as necessidades do capitalismo ascendente. Forçou os homens a negarem o amor irresistível por uma criança que é metade você. Deu a eles, em vez disso, uma obrigação de prover.

Só mais recentemente, com o ingresso das mulheres na força de trabalho e uma atualização das necessidades do mercado pós-guerras mundiais, o grande fiscal cultural invisível permitiu uma reflexão mais aberta sobre a paternidade.

A transformação das noções de paternidade ficou muito clara na minha pesquisa. A maioria dos homens que são pais se considera muito mais participativa que seus próprios pais. Quando fazemos um recorte geracional entre os entrevistados, a diferença fica ainda mais latente: entre os homens com mais de 45 anos, mais de 60% tiveram pais ausentes ou pouco presentes. Entre os homens com 44 ou menos, 37%. Entre os mais velhos, 50% dos que têm filhos se consideram pais muito participativos. Entre os mais jovens, 71%. Ou seja: quanto mais jovem era alguém, menores as chances dessa pessoa ter tido um pai ausente e maior as chances de ser um pai presente.

Mas, ainda hoje, mesmo entre pais que tentam vivenciar uma

47 Muitos cientistas teorizam que a origem do amor romântico monogâmico favoreceu a evolução da espécie porque propiciava que os filhotes humanos — cuja infância era mais longa e demandava mais cuidado parental — sobrevivessem mais. Ele também coibia que o macho matasse os filhotes de fêmea que fossem de outros machos. Disponível em: <www.bbc.com/earth/story/20160212-the-unexpected-origin-of-love>.

nova paternidade, a conversa ainda se dá em torno de assumir obrigações e não de usufruir de direitos. Criar um filho é visto como um peso e não como uma dádiva à qual um ser humano deveria aspirar. Enquanto isso, seria difícil encontrar mães que não dissessem que tirar-lhes esse direito seria quase como arrancar-lhes um membro. O paternar continua definido pelo prover — mesmo quando um paternar ativo.

O pai impenetrável tradicional é também a pedra fundamental sobre a qual as crianças edificam o patriarcado que carregarão internalizado dentro de si para o resto de suas vidas. Elas entendem, no comportamento do pai dentro da família, quais são os papéis de homens e mulheres na sociedade.

Em geral, constroem a identidade masculina em torno de dois arquétipos: o do tirano e o do patriarca bondoso. Ambas as identidades estão baseadas numa premissa de poder inerente à condição de macho. Num caso, esse poder é exercido de maneira unilateral e errática; no outro, com benevolência com relação ao restante da família — sempre de acordo com seus desejos supremos, naturalmente, mas permitindo pequenas exceções pelas quais o patriarca merece ser elogiado.

Tirano ou bondoso, o pai tradicional é um dos maiores carcereiros dos meninos na prisão da masculinidade compulsória. Quando pedi que meus entrevistados contassem situações em que haviam se sentido impedidos de ser quem são por serem homens, os pais protagonizavam muitas delas. Pais que agrediam física ou emocionalmente seus filhos por serem amorosos, vaidosos, dançarem, terem cabelos compridos ou até por comprarem peças de roupa cor-de-rosa.

"Impedido de ser quem sou?", afirmou Gustavo. "Em qualquer situação que envolva meu pai."

"Meu pai sempre foi ausente, mesmo morando comigo. Saiu de casa quando eu tinha 12 anos e eu me senti aliviado", confessou Adalberto.

Além disso, ao se mostrarem distantes e imperturbáveis, esses pais roubavam de seus filhos, talvez, o exemplo que os permitiria viver uma vida plena. Ou essa é a conclusão das pesquisas mais recentes sobre a felicidade. A pesquisadora Brené Brown, por exemplo, identificou que a vulnerabilidade corajosa era a marca das pessoas mais satisfeitas com suas vidas. O modelo de masculinidade inquebrantável que vendemos aos nossos meninos, no entanto, carece do atributo que lhes daria mais chances de serem felizes.

A mãe, na casa do patriarca tradicional, tem o papel reduzido ao de educadora e guardiã dos princípios do machismo. Ele é exercido por mulheres que sentem que aliar-se ao sistema é a única maneira de gozar das migalhas que ele lhes oferece. Assim, se calam ou tomam parte nas agressões sistemáticas a que meninos e meninas são submetidos para se enquadrar até mesmo quando os homens estão ausentes. Foi o que ocorreu com Davi:

> Foi muito difícil para mim quando minha mãe soube que eu estava brincando de me esfregar com outros meninos da minha rua e me deu uma surra que durou horas e disse várias coisas muito duras, como que ela não me deixaria virar uma vergonha para a família e para o meu pai (já falecido) e coisas do tipo. Ela fez isso tudo na varanda de casa, comigo apanhando sentado em uma cadeira enquanto ela falava não apenas para mim, mas para que os vizinhos (inclusive as famílias dos meninos com quem estava) ouvissem. Eu tinha 7 anos.

Essas mães também ensinam, no pacote do ideário patriarcal, a divisão social do trabalho com base no gênero. Como somos doutrinados nela desde muito jovens, a divisão nos parece natural. A

ONG Plan International realizou um estudo[48] que dá números a esse sistema, tendo entrevistado 1.771 meninas entre 6 e 14 anos. Cerca de um terço das entrevistadas, ou 31,7%, avaliaram que o tempo para brincar era insuficiente. Isso acontecia porque 82% delas tinham algum tipo de responsabilidade nas tarefas domésticas. Enquanto 81,4% das meninas arrumavam sua própria cama, por exemplo, 76,8% lavavam a louça e 65,6% limpavam a casa, apenas 11,6% dos seus irmãos homens arrumavam a própria cama, 12,5% lavavam a louça e 11,4% limpavam a casa. Elas também assumiam mais tarefas de risco para crianças, como cozinhar. Entre as meninas, 41% o faziam; entre os meninos, 11,4%.

Quando minha avó paterna — uma mulher forte e divertida de verve muito italiana — soube que eu estava escrevendo um livro sobre o que significava ser homem, me ligou imediatamente.

— Vim dizer que coloque no livro que sua avó acredita que ser homem é sustentar a família, nunca deixar faltar nada nem fazer com que a mulher precise trabalhar, só cuidar da casa.

Meu avô morreu há quase uma década. Eles se amavam muito e criaram, juntos, seis filhos (três deles homens) em condições bastante desafiadoras, em que, às vezes, até a fome ameaçava. Na casa da minha avó (definitivamente era a casa dela), os meninos comiam melhor porque precisavam de mais força para trabalhar pesado. Tinham alguns outros benefícios, como nunca realizar tarefas domésticas, reservadas às meninas.

Certa vez, minha avó também telefonou para meu marido (a quem adora) para dizer que sabia que eu era difícil e que, se precisasse, ia entender se ele me batesse. O tom era meio jocoso, mas a "brincadeira" completamente inapropriada. Em outra ocasião, gravou um vídeo elogiando meu tio por "só ter posto no mundo filhos homens".

48 Plan International, *Por ser menina no Brasil*. Disponível em: <primeirainfancia.org.br/wp-content/uploads/2015/03/1-por_ser_menina_resumoexecutivo2014.pdf>.

Minha avó não é uma pessoa ruim. Ela é um produto de seu tempo e do sistema em que estava inserida. Uma mulher sofrida que entendeu cedo na vida que a única sobrevivência possível para as mulheres residia na aliança com o patriarcado. E quanto mais eficiente você se mostrasse como guardiã de seus princípios, menos sofrimentos teria em sua jornada. Naquela época, na zona rural em que vivia, ninguém discutia feminismo. Mulheres que tinham a proteção de um patriarca eram poupadas dos trabalhos mais duros — algo ainda mais importante quando se passa boa parte da vida grávida ou amamentando. A identidade do pai provedor era basilar para aquele funcionamento social.

Termos compaixão com a situação de mulheres como minha avó, no entanto, não significa compactuar com suas atitudes. Diante de crianças pequenas, mulheres adultas estão em posição de poder e podem, sim, exercer papéis tirânicos. É por isso que é tão importante analisar toda opressão sob o ponto de vista do sistema e não apenas do indivíduo. Não em todas, mas em muitas situações, as mulheres são as mais fiéis perpetuadoras do machismo junto às crianças.

Construímos um sistema educacional no coração de nossas famílias que se apoia no distanciamento emocional, no autoritarismo aleatório e na conivência com abusos para formar seres humanos. Precisamos apostar numa criação que humanize não só as crianças, mas seus pais e mães perante seus olhos. Uma educação que reduza o fosso da autoridade e o substitua por uma ponte de respeito. Um caminho em que as crianças possam moldar suas faces olhando os rostos profundamente humanos de seus educadores.

A reinvenção da paternidade é a reinvenção básica da masculinidade, pois ela é a primeira masculinidade a que as crianças são expostas. É urgente uma paternidade ancorada na vulnerabilidade corajosa, no afeto, no diálogo, no gozo do ato de ser pai, na participação ativa para além das necessidades materiais. Uma paternidade alimentada por tempo, não por dinheiro. Uma paternidade que seja caminho de cura para homens tão feridos por seus próprios pais.

Um caminho semelhante foi o vivido pelo autor de *Abrace seu filho*. Thiago Queiroz presenciou anos de uma relação destrutiva entre seus pais. Até chegar em casa um dia, aos 16 anos, e encontrar o caminhão de mudança na porta e o apelo da mãe para que fugissem.

Viveu 18 anos longe do pai, durante os quais construiu a própria paternidade com base em absolutamente nada do que havia visto. Em algum momento por aí, inspirado pelas reflexões que o próprio filho havia postado na internet, o pai de Thiago o buscou e eles se reconciliaram. Deram o abraço que faltou a Thiago por quase duas décadas. E, no final do livro em que compila tantos estudos e reflexões sobre como criar crianças, Thiago só partilha uma conclusão. Se tudo der errado, só não esqueça de uma coisa:

“Abrace seu filho. Não perca nenhuma oportunidade de abraçar o seu filho. Abrace seu filho.”

O bom exemplo e a testemunha consciente

> *A questão não é tanto "Você está educando seus filhos da maneira certa?", mas "Você é o adulto que deseja que seus filhos se tornem um dia?".*
> BRENÉ BROWN

DIA DESSES, João se achegou a mim com ares de penitência. É que tinha perdido as estribeiras com o Jorge, ele disse, e não sabia onde meter aquele erro. Jorge andava meio arisco, daquele jeito que faz a gente olhar para os nossos filhos, não os reconhecer e se perguntar: "Onde aprendeu a ser assim?" (Como se fôssemos a fonte única de tudo que nossos filhos são...)

O acontecido foi assim: Jorge demandou alguma coisa que o pai não deu e castigou João pela insolência com uma mordida. Não qualquer mordida, mas uma abocanhada dessas que os dentinhos se negam a soltar. E João o agarrou com certa brutalidade e berrou qualquer coisa horrível da qual não me lembro. Pode parecer uma cena trivial de parentalidade, mas éramos pais há apenas dois anos e talvez esse fosse o primeiro grande desequilíbrio de João no papel.

Eu o acolhi e recomendei que ele compartilhasse com Jorge como se sentia. João começou dizendo que, apesar de morder ser muito errado, nenhuma atitude de Jorge justificaria o comportamento do papai. E pediu perdão por ter perdido a cabeça. Jorge — que sempre resistiu em pedir desculpas — espontânea e calmamente respondeu:

— Desculpa também, papai.

Ninguém disse ao Jorge que ele devia fazer aquilo. Não aproveitamos a situação — mesmo que fosse correto fazê-lo — para dar a ele alguma lição sobre o perdão. Mas o exemplo de João teve tamanha potência que permitiu que Jorge absorvesse o ensinamento por conta própria. Ao admitir o próprio erro e assumir suas consequências, João dava a Jorge o direito humano de errar.

Os maravilhosos neurônios-espelho que operam na cabecinha do nosso filho têm sido o maior desafio que já enfrentamos — e uma oportunidade magnífica de nos tornarmos seres humanos melhores. Graças a eles, nada ensina melhor que o exemplo.

Coleciono dezenas de memórias a esse respeito, mas conto aqui uma que ocorreu nesta exata manhã em que escrevo. Na noite passada, fui adormecer assistindo a uma série muito interessante. O cansaço me levou às vésperas de uma revelação na trama pela qual eu estava muito ansiosa. Acordei cedo e liguei o final do episódio em meu celular enquanto passava café. Jorge chegou na cozinha e disse:

— Mamãe, por causa de que você tá vendo filme se é de manhã?

E eu, que tantas vezes havia dito a Jorge que a TV não deve tomar o espaço de nossa vida em família e que só devemos buscá-la ao final do dia, tive que desligar o aparelho e engolir a curiosidade até um momento mais oportuno. Educar uma criança é uma tarefa muito educativa.

Costumo prestar bastante atenção em quem sou ao redor do meu filho. Sei que muitos dos arquétipos de mulher que ele vai levar para a vida serão pautados por meu comportamento. Por isso, encaro meu próprio empoderamento também como uma tarefa materna.

Me portar do jeito que quero que meu filho enxergue as mulheres, em muitas ocasiões, significa ser julgada pelos padrões vigentes do que uma boa mãe deveria ser. Significa não ser a mãe ideal, mas a mãe possível. Porque a sociedade prega uma maternidade submissa e total que é o ingrediente básico da subjugação feminina. É assim que mostra aos meninos desde muito cedo, a partir da figura de suas mães, qual deve ser "o lugar das mulheres" — sempre a seu serviço.

Para mim, porém, viver de maneira plena e verdadeira com quem sou é um gesto de amor pelo meu filho, mesmo que isso me leve, por exemplo, a viajar a trabalho e estar longe dele por algum tempo. Ou pedir que ele durma na casa da avó para que eu descanse e seja uma versão melhor de mim mesma no dia seguinte. Para algumas mulheres, esse exercício será o oposto do meu, como deixar um trabalho que detestam ou insistir numa amamentação prolongada. O importante é que ele seja um exercício de liberdade e que mostre aos meninos que mulheres têm o direito à escolha, às próprias convicções e à busca da felicidade.

Sim, uma mãe feliz é uma lição de feminismo para as crianças.

Ser mãe representa, para mim, um compromisso redobrado em lutar contra as opressões do patriarcado não só por interesse pessoal, mas pelo poder do exemplo. Já para os pais, deveria significar reinventar a maneira de existir enquanto homem de forma radical — apostando na vulnerabilidade corajosa e no diálogo aberto como guias desse processo.

Hoje, os homens estão reconstruindo a masculinidade com muito pouca matéria-prima em que se inspirar. Me lembro sempre do alívio de um jovem que entrevistei ao me dizer que, durante toda sua infância, a existência de um homem sensível e delicado como Caetano Veloso dava a ele muita tranquilidade de saber-se um "homem normal". Está nas mãos dos pais de hoje a possibilidade de serem esse alívio para os filhos. E, talvez, mostrar a eles que não desejam ser o que hoje se entende como um "homem normal".

Nunca vou me esquecer da entrevista que fiz com a psicanalista Vera Iaconelli no início da pandemia em que confessei estar sentindo muita culpa por ter um trabalho estável e uma casa confortável enquanto tantas pessoas perdiam seus empregos e se isolavam em cubículos sem luz. Perguntei a ela como lidar com essa sensação massacrante. E ela disse, simplesmente:

— Troque a culpa por responsabilidade.

Levei esse mantra para todos os homens que desabafam comigo sobre o desconforto em estar num papel de privilégio em nossa sociedade. Troco culpa por responsabilidade. Não me interessam em nada homens contritos e arrependidos. Eu quero que os homens assumam a responsabilidade por arrumar a bagunça que fizeram com o mundo. Que rompam com o pacto de silêncio diante dos abusos dos amigos que é a espinha dorsal deste sistema.

Porque, enquanto a culpa paralisa, a responsabilidade transforma e liberta. E essa responsabilidade começa com um viver que seja um ensinamento para os meninos ao seu redor. Leandro, um de meus entrevistados, partilhou uma reflexão nesse sentido:

> Nós, que sempre estivemos no protagonismo do machismo e de todos os reflexos que as decisões pautadas nessa estrutura causam, precisamos entender o nosso papel e os impactos de cada exemplo que damos aos nossos filhos. Agora, o homem/pai deve estar no papel de protagonista do antimachismo.

É inevitável aqui pensar em tantas mulheres que criam seus filhos sem uma figura paterna inspiradora — ou pior, com pais que são um ostensivo mau exemplo. Para elas, gosto muito de lembrar de algo que me disse a educadora Elisama Santos:

— Às vezes, quando o exemplo falta, tudo que as crianças precisam é de uma testemunha consciente.

O papel de testemunha consciente é o de uma pessoa que assiste de maneira ativa ao que vê. Comenta, se posiciona, explica. Ser uma mulher que se comporta como testemunha consciente de uma masculinidade tóxica é ser uma mulher que explica aos meninos que aquilo que eles veem é, sim, exemplo — mas exemplo do que não devem ser. Que elabora os porquês e propicia o convívio com homens que são referências mais positivas. Que escolhe com carinho a aldeia que ensinará ao seu filho o que é a normalidade.

É também o papel de uma mulher que não se isenta de responsabilidade perante os abusos do patriarcado com as crianças. Inclui cortar o convívio dos pequenos com influências negativas, mesmo que isso signifique se separar de um homem que ama, mas é violento com a família. Mesmo que isso signifique ir à terapia de casal para restaurar uma relação tóxica em que ambos os pais não servem de bons modelos para as crianças e as colocam em um ambiente de constante agressão mútua.

Ser uma testemunha consciente é, também, algo muito educativo para os adultos envolvidos.

Uma mãe feliz é uma lição de feminismo para as crianças.

Toma que o filho é nosso

> *Nosso amor ajuda, mas ele, sozinho, não pode salvar os meninos ou os homens. Em última instância, garotos e homens salvam a si mesmos quando aprendem a arte de amar.*
> BELL HOOKS

EU ESTAVA PARTICIPANDO de uma mesa-redonda virtual quando Jorge entrou no escritório. Normalmente, quando ele faz isso, eu paro o que estou fazendo e o atendo. Quero que ele sinta que é tão importante quanto qualquer trabalho da mamãe e que é inspiração de muitas das coisas que eu faço.

Naquele dia, o convidei para sentar no meu colo. Diante da plateia, seu sorriso se acendeu:

— Quero bater em alguém.

Virei toda desconforto. Justo eu, que prego a construção de uma masculinidade livre de violências, tinha ali um filho de 2 anos, diante de testemunhas, dizendo que queria agredir. De onde ele havia tirado aquilo, se ninguém nunca bateu nele?

Respondi:

— Não, filho, a gente não bate em ninguém porque não é bacana. Que tal ir ali com o papai pra mamãe terminar o papo com os amigos dela?

Fiquei às voltas com um medo enorme de, inadvertidamente, estar criando um monstro. Não, Jorge não poderia ser um monstro, tenho certeza. Tenho? Não tenho, é impossível ter certeza disso. Quando muito, uma mãe tem fé. A incerteza é o ingrediente básico da receita da maternidade.

Chega um ponto na jornada parental em que você passa por uma transição pavorosa. Já não está mais apenas preocupada em fazer com que a criança não morra, coma bem e fique limpinha. Começa a pesar sua parcela de responsabilidade nos atos daquele ser a quem deu a vida. Como o mundo vai te acusar se você falhar em torná-lo uma boa pessoa?

E se este livro se tornar para mim e para outras feministas uma responsabilidade impossível de carregar?

Mais tarde, entendi que eu não podia transformar a construção de uma masculinidade saudável em um encargo a mais para pesar nas costas das mães — nem na minha, nem na de ninguém. Não é nossa missão resgatar a masculinidade. Essa não é uma responsabilidade nossa, é uma responsabilidade social.

Claro que as crianças assimilam muito do que aprendem em casa, e essa é a moldura dentro da qual vão pintar suas personalidades. Mas o mundo vai botar seus traços nos nossos filhos, podem apostar. Eles terão parentes, professores, amigos, inimigos talvez — e o filho é de todos eles. Viverão numa era diferente da nossa, com programas de televisão e livros próprios, e enfrentarão desafios e situações para os quais não os preparamos nem podíamos preparar. Farão escolhas sobre as quais não temos controle, baseados também no tanto de impalpável que já trouxeram consigo a este mundo.

Por isso, este livro é um antimanual. Não contém nenhuma receita mágica para criar meninos bacanas. Ele é um questionamento, um compilado de informações e provocações, e não de regras. Indica direções gerais, não aponta caminhos. Direções a serem ajustadas na intimidade irreplicável de cada relação adulto-criança (e na consciência plena de que as condições do meu maternar são muito privilegiadas se comparadas às da maioria das mulheres). Acima de tudo, ele é uma aposta de que uma educação feminista amorosa exercida pelo conjunto da sociedade pode ajudar os homens a salvarem a si mesmos. Mas esse caminho é deles para trilhar e jamais será nosso.

Eu não acredito em manuais de parentalidade dogmáticos. Acho que são limitados e limitantes. Se queremos tornar a masculinidade um conceito mais extenso, diverso e acolhedor, isso não pode começar com o ato de confinar a parentalidade em novas caixas restritivas. Ensinar um ser humano a ser feliz — que é, em última instância, uma das maiores missões de pais e mães — deve ser um exercício de liberdade. Que ao vivermos com ousadia mostremos aos nossos filhos que eles devem desconfiar de fórmulas prontas e apostar no difícil caminho de rejeitar os gurus, pensar por conta própria e fazer escolhas. Escolhas profundamente singulares.

Que nada nos defina, nada nos sujeite. Que a liberdade seja a substância de todos os envolvidos no processo.

Nota sobre minha pesquisa

ESTE LIVRO BROTOU EM MIM FEITO PLANTA. Lento, gradual, demandante de sol e rega. A semente fincou pé ainda na gravidez, e os frutos só puderam ser degustados quando meu filho completou 3 anos. Antes de tudo, eu era uma mãe investigando maneiras de ajudar o Jorge a ser o melhor ser humano que ele pudesse ser. E o mais feliz.

Busquei respostas nas ciências sociais, na neurociência, na psicologia, na história, na psicanálise, na filosofia e na pedagogia. Li muitos livros e entrevistei especialistas. Mas isso não me bastava. Como jornalista de formação e ouvinte profissional, me faltava escutar dos homens o que a masculinidade que estava posta significava para eles e como os afetava. Eu precisava que eles abrissem para mim esse mundo tão dolorosamente soterrado em seu interior para entender os caminhos que levam meninos inocentes ao papel de opressores.

Entrevistas virtuais me pareceram a solução mais indicada não só por serem as únicas possíveis naquele momento (primeiro ano da pandemia de Covid-19), mas por conferirem aos homens a sensação de anonimato necessária para falar de aspectos profundamente íntimos. Além disso, um questionário estruturado online com perguntas abertas e de múltipla escolha possibilitaria que eu entrevistasse uma grande quantidade de homens — e depois aprofundasse, com alguns deles, aspectos que parecessem comuns.

As redes sociais foram grandes aliadas na minha coleta de respostas, que começou em 6 de julho de 2020. Pedi que homens se voluntariassem a responder no Instagram, Facebook, Twitter e grupos de homens no WhatsApp. Alguns profissionais dedicados a pensar e discutir a masculinidade me ajudaram com a divulgação. Também criei anúncios nessas redes para garantir que a amostragem sairia da minha bolha de realidade virtual.

Ao analisar as centenas de respostas que recebi, percebi que a amostragem tinha uma fragilidade intrínseca ao método escolhido: homens mais velhos e de baixa escolaridade estavam sub-representados, possivelmente por terem pouco acesso ou intimidade com a internet. Ou por não terem sido atingidos pelos métodos de divulgação escolhidos. Como o número de casos de Covid-19 estava, naquele momento (final da primeira onda), em queda, duas assistentes e eu fomos a campo em feiras abertas e estações de transporte público em São Paulo, Brasília e Belém entre 16 de outubro e 8 de novembro de 2020. As cidades foram escolhidas por conveniência e segurança — para nos poupar de deslocamentos desnecessários em transportes fechados. Além disso, todas são capitais e trazem perspectivas de diferentes regiões do país.

As entrevistadoras foram treinadas e orientadas a buscar homens acima dos 50 anos e de baixa escolaridade para tentarmos aumentar o volume de respostas desse perfil. Além disso, pedi que não lessem as perguntas aos homens, mas deixassem que eles respondessem de forma privada para se sentirem mais confiantes e serem honestos. Meu receio era de que, se elas anotassem as respostas, os homens passassem a responder o que achavam que se esperava deles e não o que sentiam e pensavam de fato. Além disso, isso faria com que o método da entrevista presencial não destoasse tanto do método da entrevista virtual, já que não havia entrevistadoras nos questionários online. Em alguns casos, entrevistados de baixa escolaridade pediram auxílio para ler e entender o questionário. Quando isso ocorria, elas explicavam as perguntas, mas deixavam que eles anotassem as respostas no papel sem que elas vissem. Ao final da coleta, inserimos as respostas no mesmo banco de dados da coleta online de respostas, obtendo um total de 603 entrevistas.

É importante observar que esta pesquisa não tem pretensões de representar a totalidade dos homens brasileiros (nem métodos que o permitam), já que a amostragem final ainda tem um viés de alta escolaridade (50% dos entrevistados têm nível superior completo ou mais, enquanto no Brasil a proporção de adultos que concluíram o ensino universitário é de apenas 17,4%). Outros critérios demográficos como renda e domicílio não foram levados em consideração. Com relação à faixa etária, minha amostragem é também mais jovem que a nacional, com 62% de homens entre 18 e 35 anos (nacionalmente, a média não chega aos 20%).

Mesmo assim, não é desprezível o depoimento de mais de duzentos homens com idade superior a 45 anos e/ou menos escolarizados, e usei recortes de cada perfil para tirar algumas conclusões comparativas entre entrevistados mais ou menos escolarizados, mais ou menos jovens. Será que escolaridade e geração fazem a diferença em como um homem encara a masculinidade?

Repito que esta não é uma pesquisa com fins estatísticos que pretende refletir o universo dos homens brasileiros, mas deve ser encarada como uma pesquisa em escala para fins de aprofundamento jornalístico que abordou métodos qualitativos e quantitativos; uma série de entrevistas jornalísticas com o auxílio da tecnologia que ajudaram a dar uma dimensão mais palpável e humana às conclusões científicas dos especialistas de diversas áreas do saber que estudam a masculinidade e seus impactos que consultei em minha pesquisa bibliográfica.

Sua faixa etária

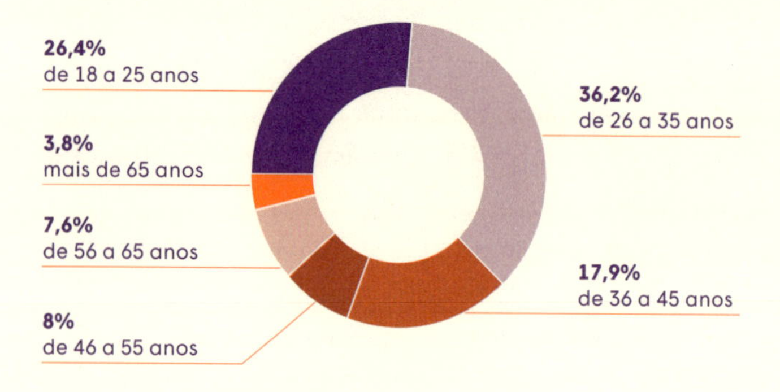

Você se considera

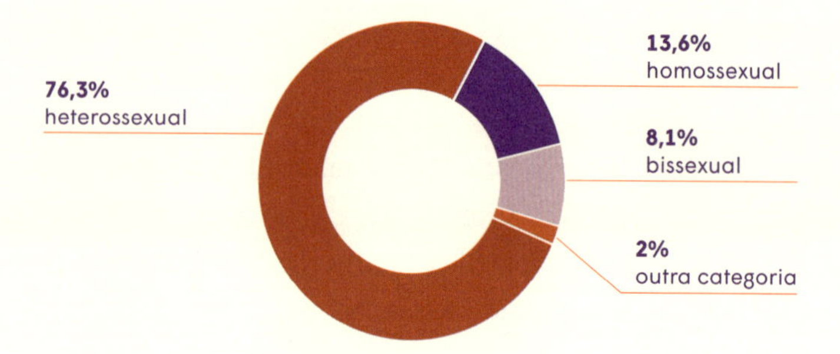

Sua escolaridade é

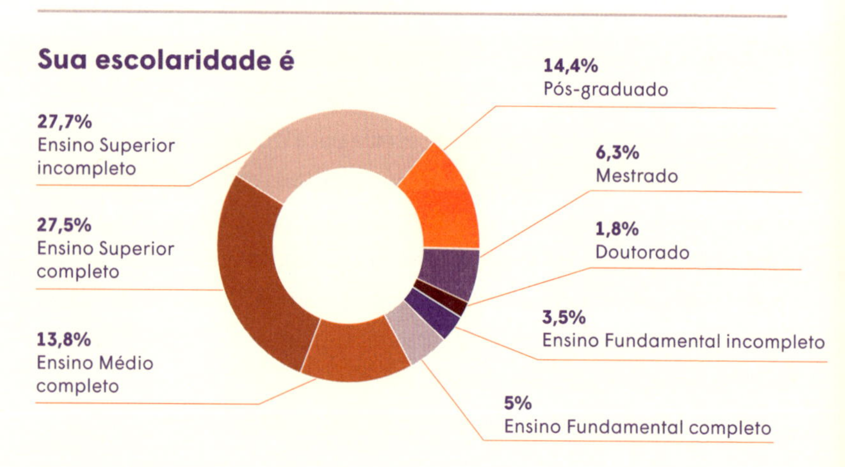

Política e moralmente, você se considera

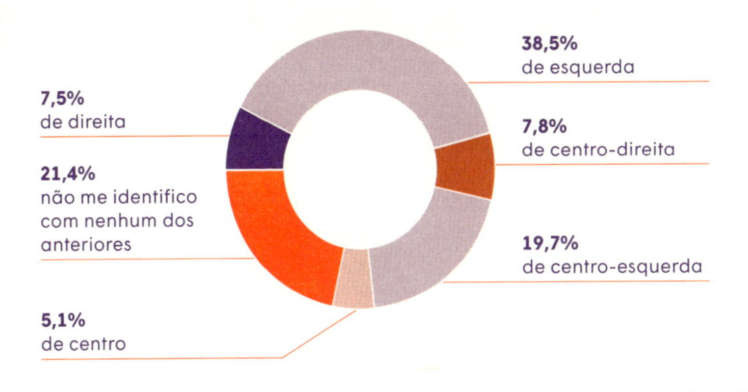

Seu estado civil é

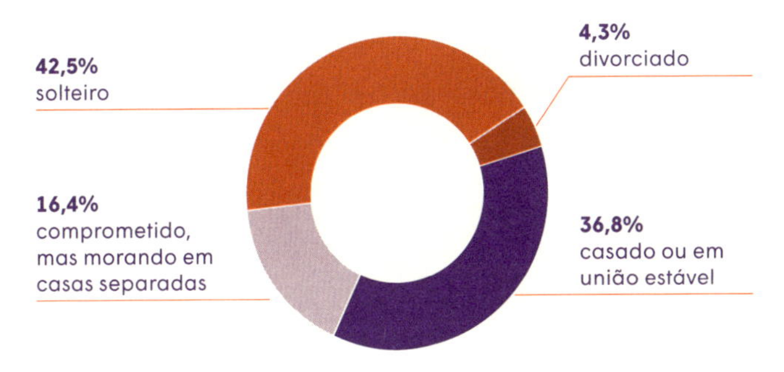

Você tem filhos?

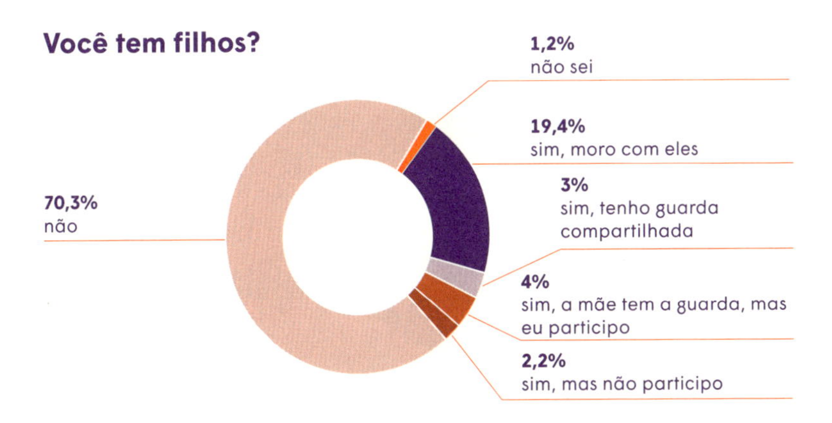

Marque quais das características a seguir mais definem quem você é no seu mais íntimo — quem você seria se ninguém estivesse olhando

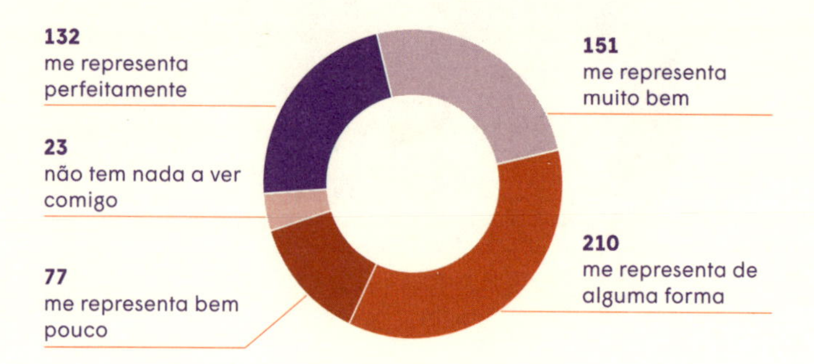

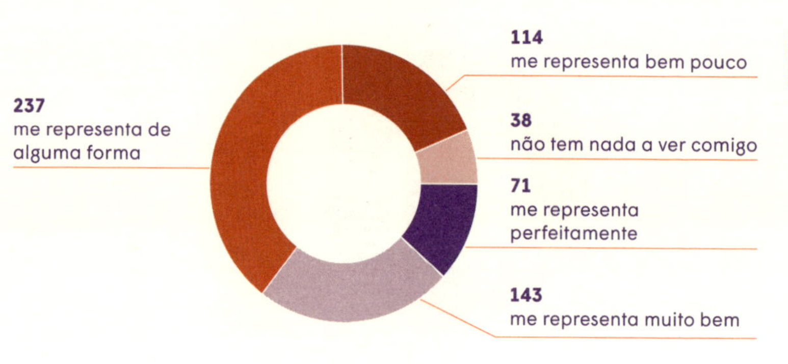

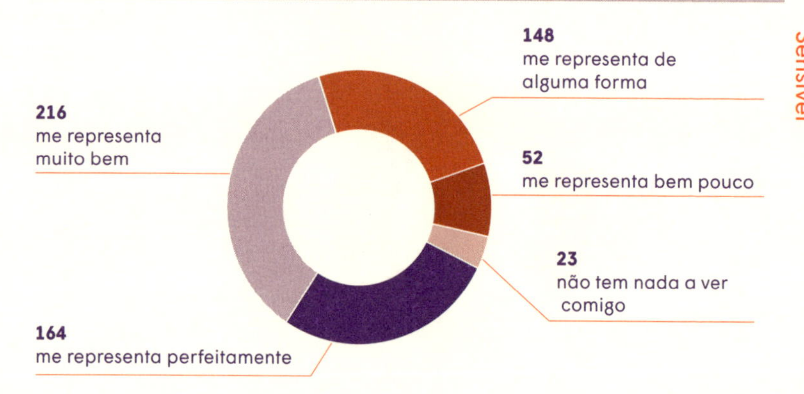

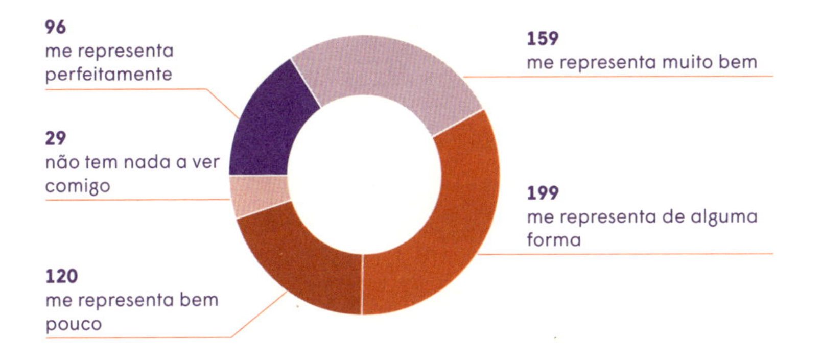
96
me representa
perfeitamente
29
não tem nada a ver
comigo
120
me representa bem
pouco
159
me representa muito bem
199
me representa de alguma
forma
Confiante

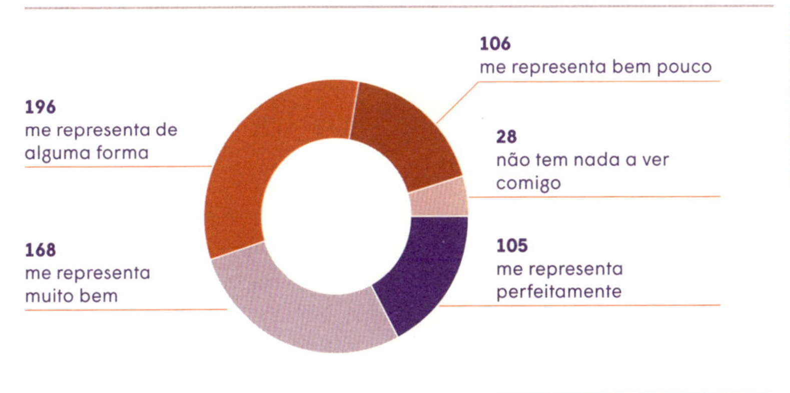
196
me representa de
alguma forma
168
me representa
muito bem
106
me representa bem pouco
28
não tem nada a ver
comigo
105
me representa
perfeitamente
Autossuficiente

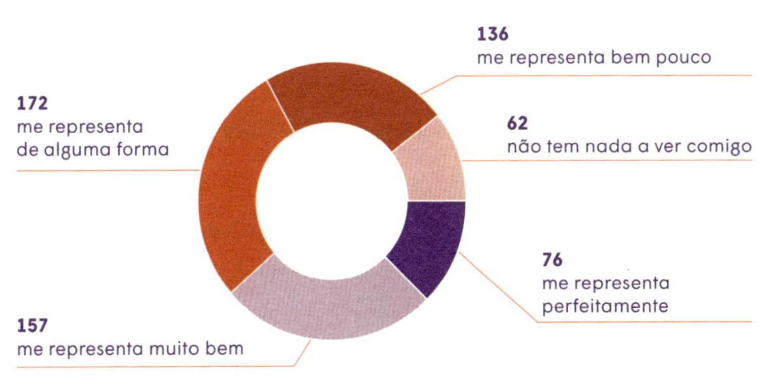
172
me representa
de alguma forma
157
me representa muito bem
136
me representa bem pouco
62
não tem nada a ver comigo
76
me representa
perfeitamente
Ambicioso

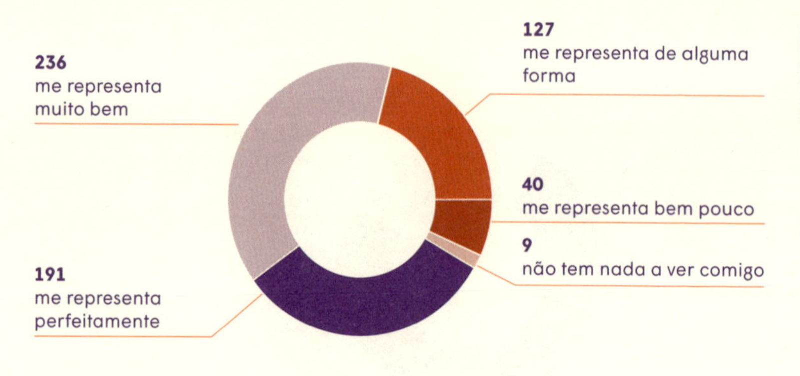
Racional
236
me representa
muito bem
127
me representa de alguma
forma
40
me representa bem pouco
9
não tem nada a ver comigo
191
me representa
perfeitamente

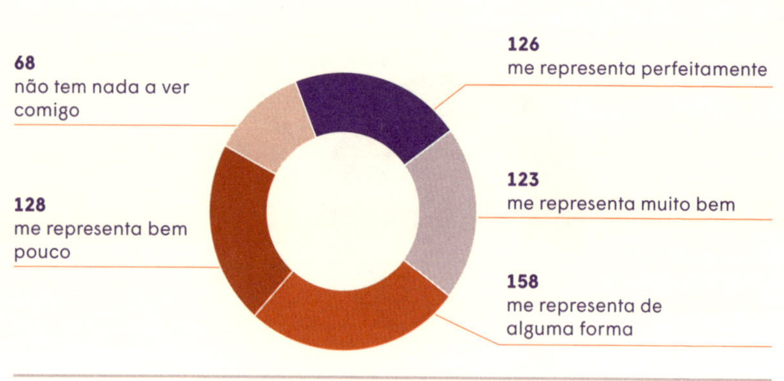
Competitivo
68
não tem nada a ver
comigo
126
me representa perfeitamente
123
me representa muito bem
128
me representa bem
pouco
158
me representa de
alguma forma

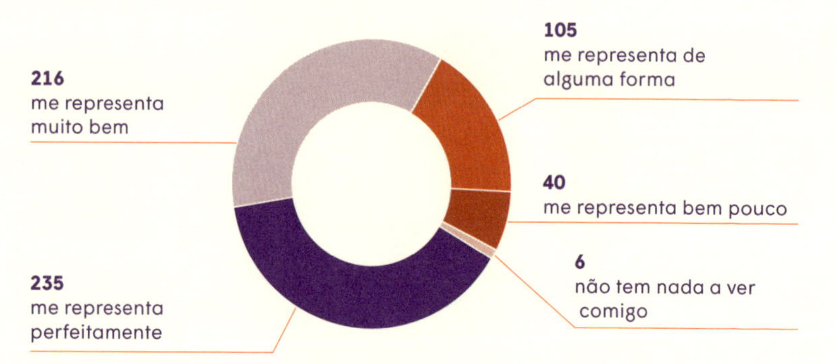
Amoroso
216
me representa
muito bem
105
me representa de
alguma forma
40
me representa bem pouco
6
não tem nada a ver
comigo
235
me representa
perfeitamente

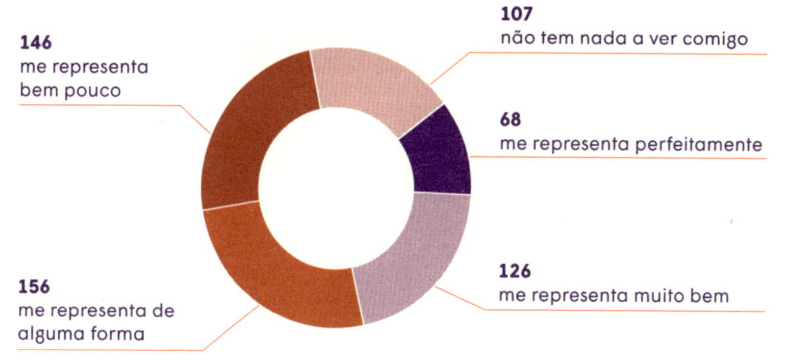
Esquentado
146
me representa
bem pouco
107
não tem nada a ver comigo
68
me representa perfeitamente
156
me representa de
alguma forma
126
me representa muito bem

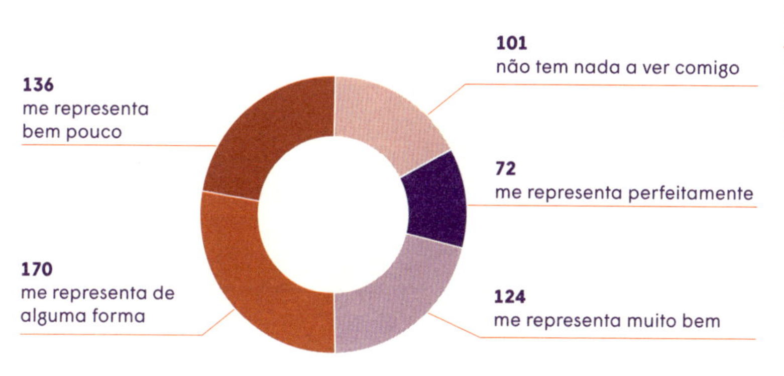
Conquistador
136
me representa
bem pouco
101
não tem nada a ver comigo
72
me representa perfeitamente
170
me representa de
alguma forma
124
me representa muito bem

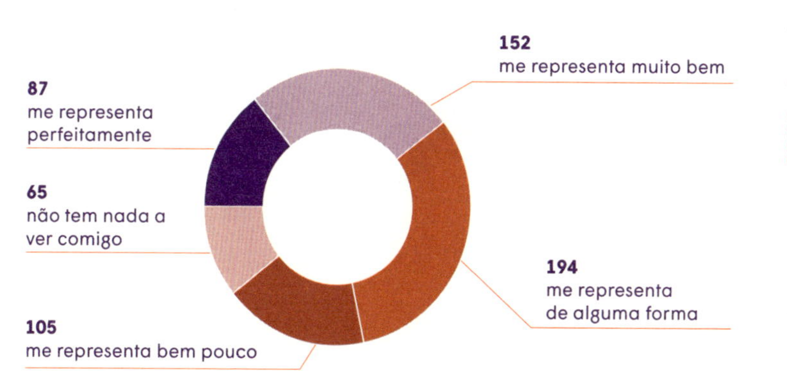
Líder/autoridade
152
me representa muito bem
87
me representa
perfeitamente
65
não tem nada a
ver comigo
194
me representa
de alguma forma
105
me representa bem pouco

Olhando as características que selecionou na questão anterior, acha que as pessoas que melhor conhecem você o descreveriam da mesma forma?

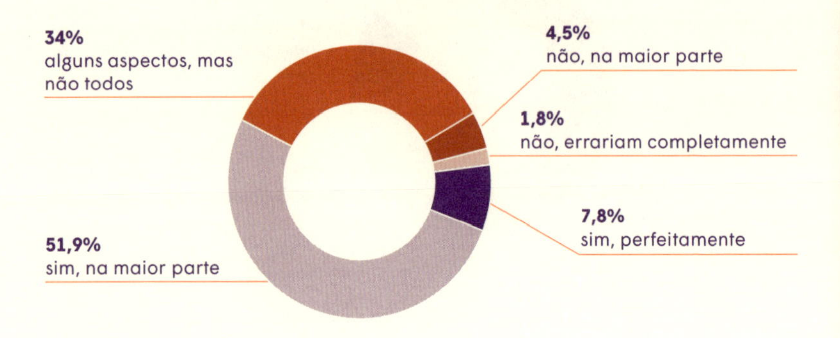

Como pai, você se considera

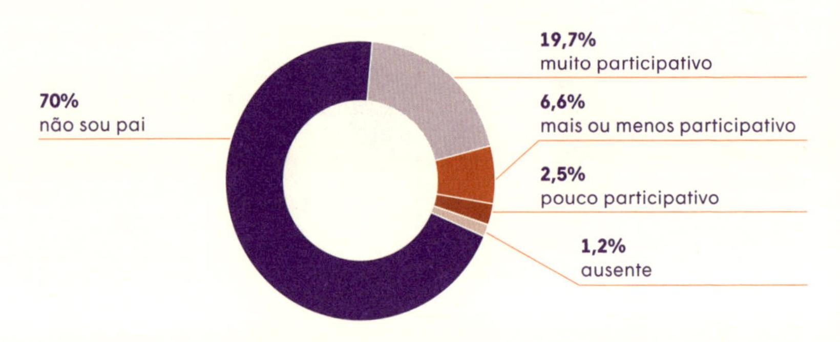

Você considera que seu pai era

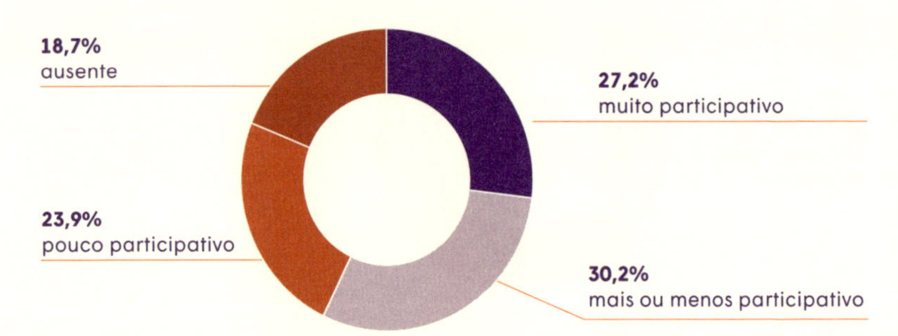

Com que frequência você faz sexo?

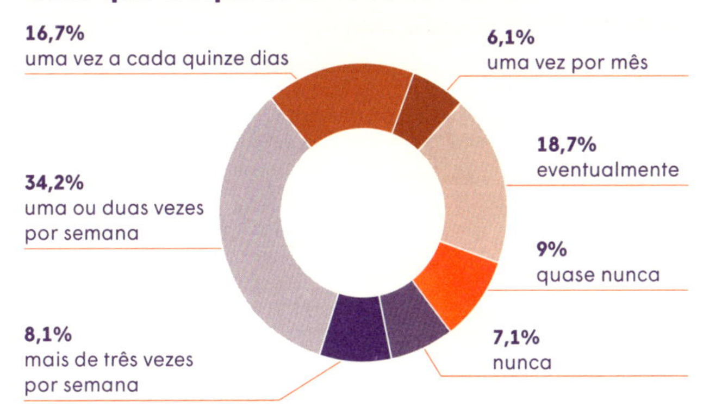

Com que frequência você gostaria de fazer sexo?

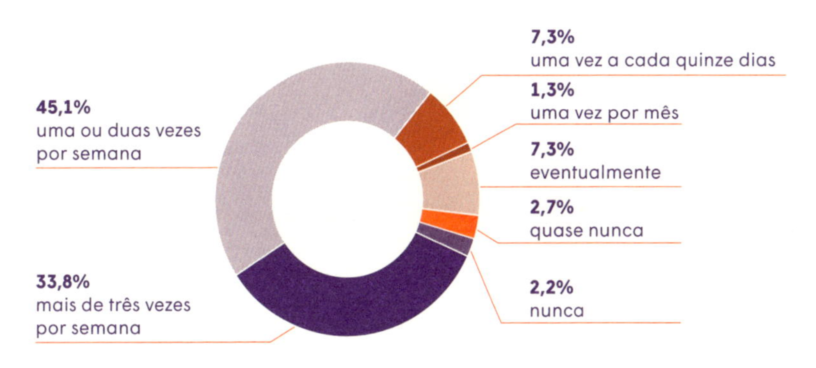

Você já teve alguma dificuldade em manter relações sexuais? Como nervoso, ejaculação precoce, disfunção erétil ou outras?

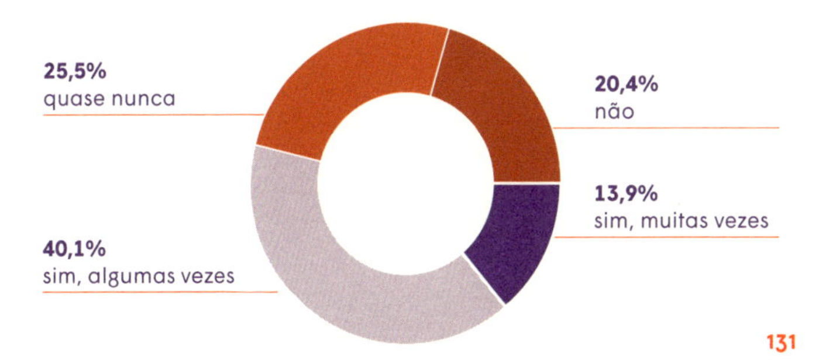

Você já considerou que talvez precisasse se consultar com um profissional de saúde mental?

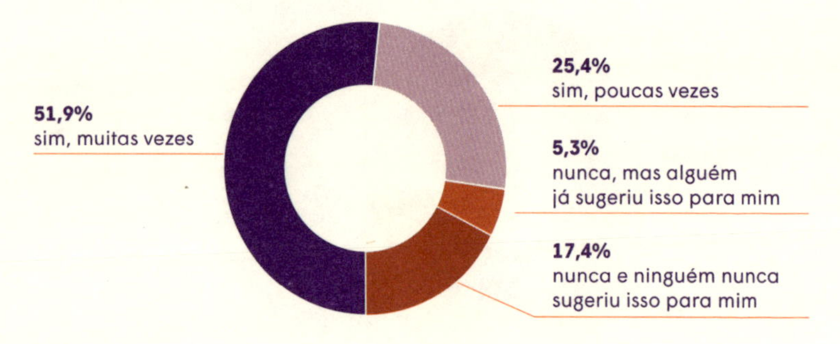

Você já se consultou com um profissional de saúde mental?

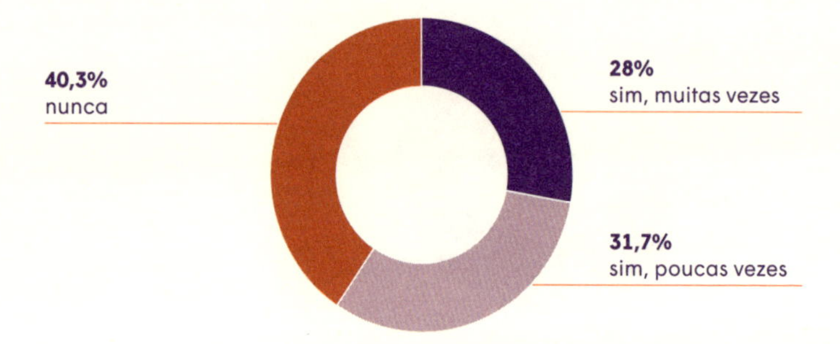

Quantos amigos você tem com quem se sentiria confortável de chorar?

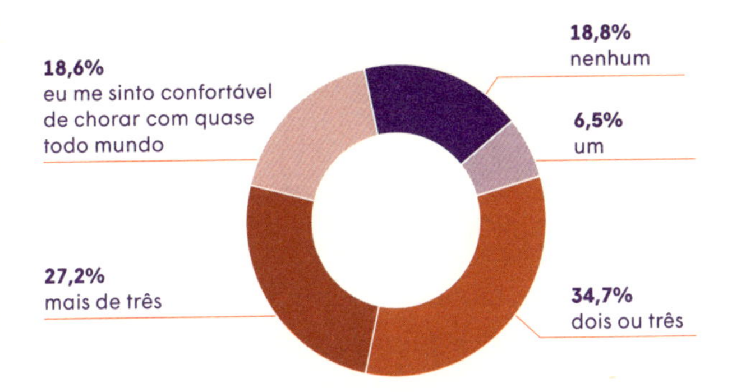

Alguma vez você já se sentiu impedido de ser quem é por conta das expectativas sociais sobre o que significa ser homem?

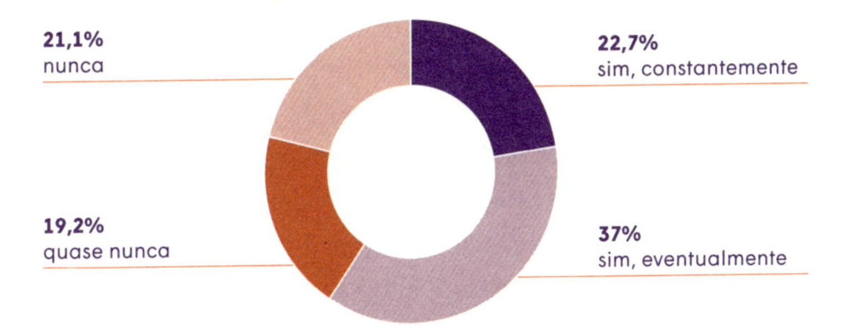

Agradecimentos

AO JOÃO, QUE ME MOSTRA todos os dias que uma outra masculinidade é possível, com vontade, humildade e a vulnerabilidade mais corajosa com que já me deparei. E que consegue ser o melhor parceiro que eu poderia ter também na aventura literária e parental.

Às assistentes Victoria Cascaes e Fernanda Vilas Boas Ferrari — sem a sua coragem, sensibilidade e dedicação não seria possível ouvir um número tão grande e tão diverso de homens. À editora Duda Costa, que, desde o primeiro manuscrito que enviei a uma editora, tem me regado de entusiasmo e sororidade. A Aline Moraes, revisora atenta que salvou meus últimos três livros de erros vergonhosos e continua trazendo o melhor do meu texto sempre.

Aos amigos e amigas Mari Della Barba, Carol Vicentin, Carol Oms, Bruno Tavares e Marília Taufic, que toparam ser os primeiros pais a partilhar essas reflexões comigo. A Mari Machini, pela aula de metodologia e as constantes lições de leveza. A Priscilla Falcão, por decifrar o Excel por mim e ser uma fonte infinita de solicitude. Finalmente, a Gina Rippon e Augusto Buchweitz, pela leitura atenta e por ajudarem meu mergulho nas complexidades da neurociência.

A meus irmãos, Guilherme, Leandro, Gustavo e Lucas, e a meu pai, Carlos, que me fazem achar que as masculinidades têm aspectos muito lindos pelos quais se lutar.

E a Jorge, matéria-prima de todas essas reflexões. Filho, espero que um dia você entenda que, ao escrever este livro, o encarei como um aliado nos esforços para tornar este mundo um lugar mais acolhedor. Mas ele não deve ser um peso para você.

A grandiosidade de tudo que você pode ser me apavora. E me deslumbra. Meus sonhos para você, Jorge, não são mais que sonhos alheios que você não tem que realizar. Saiba sempre que meu maior esforço é para me libertar do medo de como suas ações refletem em mim, para que, dessa forma, você possa ser mais verdadeiramente Jorge enquanto a mamãe é mais verdadeiramente a Nana — com as delícias e desgraças que as duas coisas representam.

Amo você em cada extensão do que me é possível.

Este livro foi composto na tipografia
Skolar, em corpo 10,5/15, e impresso em
papel off-white na gráfica Reproset.